Lisa Ortgies
und Svea Große

Pinkeln im Stau

und andere Katastrophen

Der Survivalguide für Frauen

Inhalt

Durchlitten und entlarvt – von Liebesdingen bis zu Schwiegermüttern

Angeheuert – von Grabscher über Mobber bis Karrieresprung

**Rangeklotzt und ausgetrickst: selbst ist die Frau – vom Kampf mit
Bohrmaschinen, Uniformträgern und anderen Widrigkeiten**

Einleitung

Jetzt mal ernsthaft: Welcher durchschnittliche mitteleuropäische Mensch wird in seinem Leben jemals von einem Krokodil angegriffen, muss ein Passagierflugzeug notlanden oder sich aus Treibsand retten? Trotzdem sind die handelsüblichen Survivalguides ein Sammelsurium der abwegigsten Notlagen, in die weltweit jährlich vielleicht ein Dutzend der Hobby-Abenteurer und Möchtegern-Helden geraten, für die diese Bücher geschrieben werden.

Die eigentlichen Herausforderungen jedoch lauern im angeblich so harmlosen Alltag. Und sie stellen uns Frauen oft vor ganz eigene Probleme: aufdringliche Kollegen, geschwollene Beine, nörgelnde Beifahrer oder eben: Pinkeln im Stau. Nicht nur hier braucht es schnelle, praktische und eigenwillige Lösungen.

Viele solcher kleiner Lebenshilfen in diesem Buch beruhen auf einer der unglaublichen, aber wahren Begebenheiten, die nur in einer vertrauten Frauenrunde preisgegeben werden: Waren Sie zum Beispiel schon mal mit einem Typen im Bett (Danke Christine!), der sich weigert, ein Kondom zu benutzen – mit der Begründung, er sei »erleuchtet« und deshalb immun gegen Aids-Viren? (Wie Sie so einen wieder loswerden: s. »One-Night-Stand« S. 31). Andere Tipps stammen aus dem reichen Fundus zahlreicher Frau-TV Sendungen (nicht zuletzt von Zuschauerinnen) oder aus Gesprächen mit ExpertInnen wie KommunikationswissenschaftlerInnen, PolizeibeamtInnen, SexualtherapeutInnen oder Schwiegertöchtern! Für Hilfestellungen zum fachgemäßen Bohren und bei platten Autoreifen waren wir uns nicht zu fein, auch mal männlichen Rat einzuholen.

Umgekehrt können natürlich auch Männer – Liebhaber, Kollegen, Beifahrer, Hypochonder – aus diesem Buch großen Nutzen ziehen: Einerseits als Leidensgenossen, denn schließlich werden auch Männer gemobbt (s. »Mobbing« S. 94) und von Mundgeruch (s. S. 49) sind sie sogar öfter betroffen als Frauen. Andererseits bietet ihnen dieses Buch einen Crash-Kurs als Einführung in weibliches Fühlen, Denken und Handeln. Es sei denn, sie gehören sowieso schon zur Kategorie »Frauenversteher«.

Natürlich ist uns klar, dass wir nicht alle kleinen und großen Desaster im Leben einer Frau abdecken konnten. Aber ein Anfang ist gemacht, und wir hoffen nun auf Tausende von Zuschriften mit weiteren Katastrophenmeldungen, Verbesserungsvorschlägen oder praktischen Tipps unter lisaundsvea@frauen-survival.de.

Im Voraus vielen Dank!

Die Autorinnen

ANGESCHLAGEN – Blitztherapien bei Kater, Koliken und spezifisch weiblichen Qualen

Kleine Wehwehchen, aber auch chronische Übel können einem den Tag oder das ganze Leben versauen. Bevor Sie zum Arzt rennen, finden Sie hier schnelle Abhilfe und erprobte Alternativen zu Giftschrank oder OP.

Alkoholfahne

Ihren Alkoholspiegel senken Sie am schnellsten mit möglichst viel Flüssigkeit, einer Portion Nudeln und Bewegung an der frischen Luft. Trotzdem müssen Sie je nach Konsum mehrere Stunden rechnen (0,1 Promille pro Stunde). Die Alkoholfahne können Sie gleich bekämpfen: einfach beherzt in eine Apfelsine, noch besser in eine Zitrone, beißen oder unverdünnten Zitronensaft in kleinen Schlucken zu sich nehmen – das bindet den Alkoholgeruch. Falls der Würgereiz Ihnen nicht zuvor kommt, können Sie auch Kaffeebohnen zerkauen – je nach gewünschter Nüchternheit bis zu zehn Stück.

Geschwollene Augen

Ob verheult oder verkatert – wenn Sie den vorangegangenen Abend schnell vergessen wollen, müssen zuerst einmal die geschwollenen Augen verschwinden. Dazu ab in die Küche, denn Großmutters Tipp in diesem Fall lautet: den Brei einer rohen, geriebenen Kartoffel, eingeschlagen in einen Leinen- oder Baumwolllappen auf die Augenlider einwirken lassen und die Behandlung gegebenenfalls mehrere Male wiederholen.

Wenn es um die Zweckentfremdung von Hygieneartikeln oder Medikamenten geht, sind Models bekanntermaßen ziemlich erfinderisch. Ihr Rezept gegen geschwollene Augen heißt: Hämorrhoidencreme – vorsichtig und in dünner Schicht aufgetragen, d. h. mit einem großzügigen Abstand zum Auge selbst!

Nach einer Cabriofahrt, einem Shopping-Marathon im klimatisierten Einkaufszentrum oder einer durchsumpften Nacht im Club schauen Sie am nächsten Morgen in den Spiegel und erblicken ein blinzelndes Albino-Kaninchen? Diagnose: **trockene, juckende Augen**. Am besten Sie eilen mit Sonnenbrille zur nächsten Apotheke, machen sich danach sofort wieder lang und gönnen sich eine Augenkompresse (feuchter Waschlappen) mit Augentrost oder Chrysanthemen-Tee. Nein – Kamillentee ist dabei keine Alternative, denn hier besteht die Gefahr einer allergischen Reaktion. Augentrost in Tropfenform hilft auch bei einer beginnenden Bindehautentzündung (Konjunktivitis). Wer nach zwei Tagen die Welt immer noch durch Sehschlitze erspäht, muss zum Augenarzt!

Auch lange Sitzungen am Computer können eine Entzündung provozieren. Zur Vorbeugung sollten Sie den Blick alle paar Stunden bewusst aus dem Fenster und ins Weite schweifen lassen. Dabei erlauben Sie sich einen erotischen Tagtraum – das entspannt den Akkomodationsmuskel im Sehorgan und ihre Nerven.

Ausfluss

Selbst die teuersten Höschen aus Seide können es nicht verhindern: Zu einer intakten Scheide und einem normalen Zyklus gehört hier und da auch ein wenig Ausfluss. Solange er durchsichtig oder weißlich aussieht und leicht säuerlich riecht, ist in der kleinen Höhle alles im Gleichgewicht. Wenn der Geruch aber in Richtung Fischbude tendiert und der Schleim sich gelblich-grün oder grau verfärbt, haben sich wohl Pilze oder Bakterien eingenistet. Nichts Dramatisches – Stress, die falsche Intimhygiene mit z. B. Vaginalspülungen, Synthetik-Unterwäsche oder zuviel Süßes können das Scheidenmilieu durcheinanderbringen und Keime anlocken. Ob es so ist, können Sie mit einem Lackmusstreifen aus der Apotheke selbst testen: einfach einen Fingerabstrich nehmen, der pH-Wert sollte zwischen 4 und 5 liegen.

Erstes Gegenmittel sind Milchsäurebakterien, die es als Zäpfchen gibt oder als einwöchige Joghurt-Kur: einen Tampon in einen Joghurt mit rechtsdrehender Milchsäure tauchen und für ein paar Stunden in der Scheide lassen.

Bei **entzündeten Schamlippen** helfen mehrere Sitzbäder mit Essigwasser (3 bis 6 EL pro Liter) oder Eichenrindenextrakt. In jedem Fall ist ein Abstrich beim Arzt fällig – Scheideninfektionen können bedrohlich werden, wenn man sie zu lange mit sich herumschleppt! Sollten Pilze und Keime zu Ihren ständigen Begleitern gehören, dann lohnt sich ein Blick unter die Vorhaut des Partners – vielleicht ist er der Infektionsherd.

Geschwollene Beine

Während bei allen anderen die Rocklänge nach oben rutscht, weil die Temperaturen steigen, fühlt sich Ihr Körper vom plötzlichen Temperaturanstieg überfordert: Ihre Beine ziehen Wasser und schwellen auf Stützstrumpfmaße. Bevor Sie in die blickdichten Dinger schlüpfen, versuchen Sie es mit einem Hausmittel: Gegen dicke Beine hilft ein lauwarmes Bad in Meersalz, 20 Minuten drinbleiben, dann ab ins Bett und die Beine hochlagern. Die passende 5-Minuten-Gymnastik nennt sich Venenpumpe: Sie strecken die Füße abwechselnd von sich weg und biegen sie in Richtung Körper.

Auch ein Nachmittag im Schwimmbad bringt häufig den gewünschten Effekt, dass nämlich die Flüssigkeit im Gewebe durch den hydrostatischen Druck ausgeschwemmt wird – am besten mit Tretübungen. Den Morgen sollten Sie mit Wechselduschen beginnen und dabei mit kaltem Wasser aufhören. Und wenn Sie von innen nachhelfen wollen, legen Sie einen Apfel-Reis-Tag ein. Das passende Getränk: Brennnesseltee.

Blähungen

Gegen ständige Blähungen oder als Vorbeugung nach einem entsprechenden Essen helfen Fencheltee, Anis- oder Kümmeltropfen, Koriander (die Samen kauen oder als Tee). Wer das alles nicht runterbekommt, kann es auch von außen versuchen: Mit der »Vier-Winde-Salbe« – gibt es in der Apotheke oder in Schwangerschaftsläden – den Bauch im Uhrzeigersinn einreiben.

Falls Sie die Möglichkeit haben, sich zurückzuziehen – und danach zu lüften –, lassen Sie sich von der Schwerkraft helfen: in der Mohammed-Stellung, d. h. auf allen Vieren, den Kopf am Boden, Hintern in die Höh', dann steigen die Gase zum höchsten Punkt ...

Blasenentzündung

Multiple Orgasmen sind ein weibliches Monopol – da sind wir mit unserer komplizierten Anatomie eindeutig im Vorteil. Leider gibt es auch einen Nachteil: Der Weg zwischen Anus und Scheide ist so kurz, dass Darmbakterien leicht den Weg über die ebenfalls kurze Harnröhre in die Blase finden. Deshalb schleppen 60 Prozent der Frauen mindestens einmal im Leben eine Blasenentzündung mit sich herum.

Gegen die akuten Beschwerden hilft literweise Bärentraubenblättertee. Als neues Wundermittel wird eine amerikanische Traube genannt: die Cranberry, ähnlich unserer Preiselbeere. Sie gibt es als Saftgemisch im Reformhaus (mit Wasser verdünnen) oder in Tablettenform. Die Beere enthält Substanzen, die das Einnisten der Kolibakterien in der Blase verhindern – d. h. der Saft ist ideal für chronisch Blasenschwache und als Prophylaxe.

Der psychosomatische Tipp: Häufige Blasenentzündungen sind oft ein Hinweis auf Partnerschaftskonflikte, genauer gesagt auf ein Problem mit Nähe und Distanz. Überlegen Sie, mit wem Sie zusammen waren, als Sie das letzte Mal eine hatten ... na?

Brandwunden

Spontane Lustattacken vertragen sich oft nicht mit weiten Wegen. Wer schon einmal mit dem Teppich vorlieb genommen hat, weil das Bett zu weit weg erschien, der weiß um die Nachteile synthetischer Auslegeware. Vielleicht nehmen Sie im Taumel der Leidenschaft noch wahr, dass es (zum Beispiel) am Rücken extrem heiß wird, aber die Brandwunden entdecken Sie erst nach dem Akt.

Wenn die Notfallapotheke nichts Entsprechendes hergibt, können Sie auch im Eisfach wühlen. Jetzt ist nämlich Kühlen angesagt – mindestens zehn Minuten. Ob die Fischstäbchenverpackung oder der Dornkaat vom letzten Grünkohlessen – rauf auf die Stelle. Eine Quarkverpackung oder Weißkohlblätter wirken ebenfalls lindernd. Vorzüglich bewährt sich innerlich als Globuli eingenommen das homöopathische Mittel Cantharis in D12: alle zehn Minuten drei bis fünf Stück, bis das brennende Gefühl nachlässt. Vielleicht können Sie so eine Narbe verhindern, die jeder »Teppichliebhaber« sofort identifiziert ...

Durchfall

Wenn man bedenkt, dass sich im Darm unter anderem 100 Millionen Nervenzellen verbergen, dann gibt es für sensible Frauen genauso viele Anlässe für einen akuten Durchfall. Also kein Grund zur Panik, es sei denn, er dauert länger als drei Tage oder taucht periodisch immer wieder auf – dann bitte ab zum Arzt.

Bis dahin gehen wir davon aus, dass ein verdorbenes Essen oder ein harmloser Infekt dahintersteckt. Folgendes hilft: Heidelbeersaft gleicht die Darmflora wieder aus, färbt allerdings den Stuhl dunkel. Die altbewährte Cola plus Salzstangen helfen, weil die darin enthaltene Phosphorsäure Bakterien zersetzt – genau wie Gewürze, d. h. herzhaftes asiatisches oder indisches Essen können den Flüssigstuhl bremsen. Besonders Nelken und Knoblauch sollen Wunder wirken. Wer auch das nicht mehr runterkriegt, sollte es mit einem Ingwer- oder Yogitee versuchen (allerdings ohne Milch).

Ein so genannter **»Angstschiss«** vor Prüfungen oder bei akuter Verliebtheit ist Teil eines uralten Instinkts, der ursprünglich die Funktion hatte, eine Flucht vor wilden Tieren zu erleichtern. Kurzfristig hilft hier alles, was Sie beruhigt (s. auch »Lampenfieber« S. 91) sowie eine normale Ernährung. Es sei denn, der Zustand dauert an. Dann steckt ein tiefer sitzendes psychisches Problem dahinter.

Herpesbefall

Ein Sunblocker für die Lippen schirmt nicht nur die Sonne ab: Wie US-Forscher herausgefunden haben, verhindert er auch in 90 Prozent aller Fälle einen Herpesbefall. Aber Achtung: Die weißen bis bunten Fettpasten machen nicht gerade Lust auf Knutschen und passen auch zu keinem Make-up.

Insektenstiche

Ein Schäferstündchen unter freiem Himmel könnte Sie nicht nur der Natur, sondern auch Ihrem sexuellen Ich ein wenig näher bringen. Wenn Sie allerdings zu den Frauen gehören, die ein möglicher Voyeur – statt eines zusätzlichen Kicks – eher abschreckt, dann sollten Sie sich nicht überreden lassen. Dass Ihre Libido feld- und wiesentauglich ist, merken Sie hinterher an den zahlreichen Insektenstichen. Jetzt können Sie den Folgen noch Einhalt gebieten, wenn Sie die Einstichstellen so schnell wie möglich mit einer frischen Zwiebelhälfte einreiben. Alternativ hilft auch ein Salzbrei, beides sollte 10 bis 20 Minuten einwirken. Der beste Juckreiz-Killer aus dem Reformhaus ist Teebaumöl.

Ein Tipp des indischen Volkshelden Gandhi: Einige Tropfen Citronellaöl aufs Bettlaken bzw. die Picknickdecke und Sie bleiben unbehelligt von den stechenden Quälgeistern. Vorbeugend wirkt auch das Erkältungsbalsam aus dem vergangenen Winter wahre Wunder – das Aroma übertüncht den für Insekten verlockenden Schweißgeruch (genauer: Buttersäure). Einziger Nachteil, je nachdem was Sie vorhaben: Der Geschmack des Balsams ist nicht gerade lustfördernd.

Gegen eine Mückeninvasion in der eigenen Wohnung helfen Gewürznelken: Eine Zitronenscheibe gespickt mit zehn Nelkenköpfen einfach auf der Fensterbank deponieren.

Oder: Katzenminze als Balkon- oder Fensterpflanze hält die Insekten draußen und garantiert entspannte Sonnenbäder. Amerikanische Wissenschaftler konnten nachweisen, dass ein Extrakt aus dem blaublühenden Gewächs auf Mücken so abschreckend wirkt wie Knoblauch auf Vampire.

Kater

Gegen einen kombinierten Alkohol- und Zigaretten-Kater hilft ein doppelter Espresso mit Zucker und einer ausgedrückten Zitrone (wie beim Schnaps: Kopf in den Nacken und in einem Zug runter damit). Wichtig ist außerdem möglichst viel Flüssigkeit, denn Alkohol entzieht dem Körper Flüssigkeit und Mineralien. Die ersetzen Sie am besten mit Vitamin-C-haltigen Fruchtsäften (Orange, Hagebutte) oder gesäuerten Milchprodukten wie Joghurt, Buttermilch oder Kefir. Der sprichwörtliche Matjes zum Frühstück soll Sie durch seinen Salzgehalt zum Trinken animieren und verlorene Mineralien ersetzen.

Achtung: Möglichst Tabletten meiden. Aspirin z. B. verdünnt das Blut und verschärft die Katerwirkung kurzfristig; Ibuprofen greift in Verbindung mit Alkohol die Magenwände an.

Vorbeugend sollten Sie

- sich stärkehaltige Nahrung einverleiben (Nudeln und Reis)
- ein Glas Milch trinken – das kleidet die Magenwände aus
- sich eher an klare Schnäpse halten. Bei Wein oder Cognac sind es oft die chemischen Zusätze, die einen Kater provozieren

Kopfschmerzen

Ein Sehfehler, eine Stirnhöhlenvereiterung, eine Lebensmittelallergie oder ein vereiterter Zahn – so gut wie alle kleineren und größeren Gebrechen können als Nebeneffekt Kopfschmerzen provozieren. Wer also schon an einem chronischen Hämmern im Kopf leidet, sollte zunächst eine »versteckte« Krankheit ausschließen. Migräne zum Beispiel tritt meist nur einseitig auf, ist an Übelkeit, Erbrechen und Augenflimmern gekoppelt und muss vor allem anders behandelt werden als der übliche Spannungskopfschmerz: ein auf beiden Seiten spürbarer, dumpf drückender Schmerz, der auch in Stirn, Nacken oder Schultern ausstrahlt.

- Bei 88 Prozent der Betroffenen hilft **Akupunktur** (nach einer Studie der Techniker Krankenkasse).
- Durch ein **Fußbad mit Senfmehlzusatz** oder einfach mit viel Salz kommt es zu einer Umverteilung der Energie im Körper. Gemäß traditioneller chinesischer Medizin ist Schmerz »der Schrei des Gewebes nach fließender Energie«.
- Probieren Sie es, auch wenn es abwegig klingt: Nach der gleichen Theorie (s. o.) sind Kopf und Dickdarm in einem Energiekreislauf miteinander verbunden. Durch einen **Einlauf** kommt das System wieder ins Fließen und damit verschwindet das Kopfweh.
- Manchen helfen auch kleine **Kälteschocks**: eine kühlende Augenmaske, ein Nackenguss oder einfach der klassische Waschlappen auf Stirn und Schläfen.
- Zwei bis drei Liter **Mineralwasser oder Kräutertee** helfen, die Schmerzen »wegzutrinken«.
- An Spannungskopfschmerzen können auch verkrampfte Muskeln an Schultern, Kiefer, Rücken oder Nacken schuld sein. Passende Gegenmittel sind eine **Fußreflexzonenmassage, Shiatsu oder**

Osteopathie: Osteopathen ertasten Blockaden der Gelenke, Verhärtungen in Muskeln oder Bindegewebe, die Therapie ist reine Handarbeit. Einen Spezialisten in Ihrer Nähe finden Sie über die Akademie für Osteopathie in Deutschland (AOD), Tel.: 0 75 62-90 50 98.

Oder Sie bestellen den **mobilen Massagedienst** unter www.pro-fit-massage.de, Tel.: 02 21-7 32 73 22.

Trockene, rissige Lippen

Ständig trockene, rissige Lippen sind körperlicher Ausdruck einer schlechten Verdauung und latenter Nervosität – es lohnt sich also, etwas tiefer zu buddeln. Kurzfristig hilft es, die Lippen mit einer (trockenen!) nicht zu harten Zahnbürste zu massieren und sie danach mit Bienenwachssalbe, Kakaobutter oder Mandelöl einzureiben – über Nacht einwirken lassen.

Menstruationsbeschwerden

Es soll immer noch Frauenärzte geben, die ihren Patientinnen weismachen, Bauchkrämpfe gehörten nun mal zur Regel dazu, und sie mit einem Schmerzmittel und der Empfehlung »Wärmflasche« nach Hause schicken. Dabei können sich hinter diesen Beschwerden ernsthafte Erkrankungen verbergen (s. u.).

• Nehmen Sie sich zehn Minuten Zeit und probieren Sie als Erstes die **Kängurugymnastik** gegen Ihre Menstruationsbeschwerden. Dabei soll die Beckenbodenmuskulatur entkrampft werden (Tabletten können Sie immer noch einwerfen):
Setzen Sie sich aufrecht auf einen Stuhl, der Rücken bleibt gerade. Stellen Sie sich vor, Ihr Steißbein wächst auf eine Länge von anderthalb Metern und liegt als beinschwerer Känguruschwanz auf dem Boden hinter Ihrem Stuhl. Langsam, Wirbel für Wirbel, heben Sie den Schwanz mit Hilfe Ihrer Becken- und Pomuskeln, bis er waagerecht aus Ihrem Körper ragt. Dann lassen Sie ihn erschöpft zu Boden gleiten und beginnen von vorn. Auch wenn sie im ersten Moment intensiver werden – nach wenigen Minuten sollten die Schmerzen nachlassen.

- Akut oder noch besser zur **Vorbeugung** hilft krampflösendes Magnesium, 300 g pro Tag (am besten schon vor Beginn der Regel einnehmen – aufgelöst in Getränken) oder homöopathisch als Magnesium phosphoricum (D_6 Kügelchen).
- Ein Tee aus Gänsefingerkraut und Frauenmantel (Apotheke oder Reformhaus) **entspannt** die Bauchmuskeln – zehn Minuten zugedeckt ziehen lassen.
- Mönchspfefferextrakt wirkt regulierend auf Regelstärke und -dauer und wird vor allem bei **PMS**, dem prämenstruellen Syndrom (s. S. 16), eingesetzt. Für die gewünschte Wirkung muss die Heilpflanze allerdings über Monate eingenommen werden.
- Da kurz vor der Regel die Hormone abstürzen, können Sie die Beschwerden auch mit einer Kur aus **östrogenhaltigen Lebensmitteln** lindern: Soja und andere Hülsenfrüchte, Leinsamen, Vollkorngetreide sowie Beeren enthalten die so genannten Phytoöstrogene.
- Falls Sie in der zweiten Zyklushälfte mit **Wassereinlagerungen** zu kämpfen haben, probieren Sie Brennnesseltee, Aprikosen oder einen Reistag.

Eventuell verbirgt sich hinter starken Menstruationsschmerzen ein bzw. mehrere **Myome**, d. h. gutartige Verdickungen aus Muskelfasern und Bindegewebe, die auf der Gebärmutterwand aufliegen oder in sie hineinwachsen: Im ersten Fall verursachen sie keine Probleme, im zweiten können sie die Blutung massiv verstärken, verlängern und Schmerzen provozieren. Bevor Sie sich aber vom Gynäkologen zu einer Hormontherapie (die sehr langwierig und belastend ist) oder gar zu einer Operation überreden lassen, versuchen Sie es mit einer homöopathischen Behandlung: Deutscher Zentralverein Homöopathischer Ärzte e. V. unter www.dzvhae.de.

Über eine neue Therapie, bei der Kunststoffkügelchen in die Blutgefäße geschleust werden, die das Myom versorgen, erfahren Sie mehr unter: www.qualimedic.de – dort zum Stichwort »Frauengesundheit« und weiterklicken zu »Myome«. Das neue Verfahren nennt sich Myomembolisation, wird aber bevorzugt bei Frauen nach dem gebärfähigen Alter angewandt.

Mundbläschen

Man bekommt sie zwar nicht vom Knutschen, aber sie können dabei erheblich stören: kleine Mundbläschen im Gaumen- und inneren Lippenbereich, die z.B. beim Trinken von Orangensaft schmerzen. Sie sind ein eindeutiges Stresssymptom (auch wenn die so genannten Aphthen durch Viren ausgelöst werden). Überlegen Sie kurz, was Sie gerade aus dem Gleichgewicht bringt, und holen Sie sich aus der Apotheke (oder im Reformladen) Propolistinktur, die Sie mit einem Wattestäbchen direkt auftupfen.

Prämenstruelles Syndrom (PMS)

Die Legende besagt, dass in den USA eine wegen Mordes an ihrem Mann angeklagte Frau freigesprochen wurde, weil sie nachweislich über Jahre unter einer besonders schweren Ausprägung des prämenstruellen Syndroms, kurz PMS, litt. Für die Tage vor den Tagen konnte sie auf fehlende Zurechnungsfähigkeit und eine Affekthandlung plädieren. Die Geschichte konnte leider nicht durch Recherchen belegt werden. Vielleicht hilft sie Ihnen (und Ihrem Partner!) trotzdem, Ihre Beschwerden ernst zu nehmen. Zumal 70 Prozent der Frauen im gebärfähigen Alter unter dieser Erkrankung leiden.

Zur Unterscheidung von akuten **Menstruationsbeschwerden** (s.S. 14) sollten Sie wissen, dass dieses Übel lange vor der Periode auftritt, meist acht bis zehn Tage, und mit Eintritt der Blutung verschwindet. Die Symptome reichen von Brustschwellung, Müdigkeit, Bauch- und Kopfschmerzen über Schlafstörungen und Magen-Darmstörungen bis zu Ängstlichkeit, Verwirrtheit und Depressionen.

Hinter PMS verbirgt sich eine komplexe, hormonell-biochemische Störung, die sich nicht mit einer bunten Pille von heute auf morgen beheben lässt, die medizinische Forschung dazu steckt noch in den Kinderschuhen. Zwei Dinge stehen allerdings fest: Geringe körperliche Fitness, dauernde Stressbelastung, Koffein und andere Umweltgifte sind Mitauslöser!

Das heißt, eine Therapie beginnt mit einer Umstellung der Lebensgewohnheiten:

- Täglich ein 30-minütiger Spaziergang.
- Während der PMS-Zeit, also zehn Tage vor Beginn der Blutung, sollten Sie auf Kaffee, Zucker, Salz und Weißmehlprodukte verzichten. Stattdessen: Kräutertee und Wasser, Gemüse, Vollkornprodukte, Obst und Nüsse.
- Regelmäßig Yoga, Meditation oder andere Methoden der Körpertiefenentspannung.
- Nachtkerzenöl empfiehlt sich als Tee, in Form von Dragees oder zum Einmassieren (Drogeriemarkt). Achtung: Die Wirkung entfaltet sich erst nach regelmäßiger, längerer Einnahme (mindestens drei Monate).

Vor allem mit der Heilpflanze Mönchspfeffer wurden in mehreren Universitätsstudien sehr gute Erfolge erzielt. Der pflanzliche Wirkstoff hemmt das Hormon Prolaktin, das Beschwerden verursacht, und greift so in den Regelkreis der Sexualhormone ein. (Beim Mann übrigens wurde der Mönchspfeffer schon im antiken Griechenland zur Dämpfung übersteigerter Triebhaftigkeit eingesetzt!)

Aus Sicht der Homöopathie ist PMS ein Gradmesser dafür, inwieweit eine Frau biopsychisch aus der Balance ist. Eine gründliche klassische Anamnese kann helfen, muss aber aus eigener Tasche bezahlt werden.

Wer schon alle oben genannten Stationen durchlaufen hat und an schweren Depressionen leidet, kann den Arzt natürlich um Antidepressiva (wie z. B. Fluktin) bitten – sollte sich aber über Nebenwirkungen informieren!

Weitere Infos zum Thema PMS unter: www.qualimedic.de, Stichwort »Frauengesundheit«. Wem Englisch keine Mühe macht, der kann sich auch unter www.conquerpms.com informieren.

Quetschungen oder Prellungen

Dass Männer wehleidiger und schmerzempfindlicher sind als Frauen, ist nicht nur für Zahnärzte und Chirurgen ein offenes Geheimnis. Was umgekehrt bedeutet, dass wir Frauen es manchmal nicht mal merken, wenn wir uns blaue Flecken holen – zumal weibliches Bindegewebe Quetschungen oder Prellungen nicht so schnell verzeiht wie die männliche Lederhaut. Das Wundermittel gegen farbige Unfallspuren ist Arnika. Als Tinktur auf die Wunde tupfen (bzw. den Verband damit tränken) oder in Form von Kügelchen (D12): mehrmals täglich fünf Stück im Mund zergehen lassen. Beulen oder blaue Flecken entstehen so oft erst gar nicht – zugleich ist das Mittel schmerz- und blutstillend. Nach einer Weisheitszahn-Operation können Sie mit Hilfe von Arnika verunstaltende Hamsterbacken vermeiden, am besten ebenfalls mit D12 Globuli: direkt nach dem Eingriff alle fünf Minuten fünf Stück.

Rückenschmerzen

Schauen Sie beim Spazierengehen vor allem auf Asphalt statt in die Gesichter anderer Passanten? Sehen Sie auf Fotos so aus, als befände sich direkt über Ihrem Kopf ein Blumentopf im freien Fall? Dann lohnt es sich zunächst einmal, herauszufinden, was oder wer in Ihrem Leben Sie so in Deckung gehen lässt. Außerdem dürfen Sie sich nicht über akute Rückenschmerzen wundern, denn solche Haltungen verkürzen und verkrampfen Ihre Kreuz- und Nackenmuskeln. Der Körper schlägt zuerst Alarm, wenn zu viel auf den Schultern Ihrer Seele lastet. Trotzdem haben Sie Glück im Unglück, denn hinter Ihren Rückenschmerzen verbirgt sich wahrscheinlich **kein Bandscheibenvorfall** o. ä. – in 90 Prozent aller Fälle verschwinden die Schmerzen mit der seelischen Belastung, die sie verursacht. Nur bei zwei Prozent der Betroffenen steckt eine Abnutzung der Bandscheiben dahinter. Nach einer Studie des New English Journal of Medicine gibt es sogar kaum einen Zusammenhang zwischen Bandscheiben und Rückenschmerzen.

- Wenn Sie ein sprichwörtlicher Hexenschuss niederstreckt, mag im ersten Moment eine **Schmerzspritze** helfen, aber danach müssen Sie selbst die Initiative ergreifen, denn das Problem verschwindet so nicht. Gleich vorweg: Bettruhe ist in jedem Fall falsch, besser bewegen!
- Bei akuten Schmerzen, die nicht gleich bewegungsunfähig machen, können Sie es zunächst mit **Wärme** versuchen: ein ABC-Pflaster an der richtigen Stelle, ein Vollbad oder warme Wickel mit

Arnikatinktur bzw. Johanniskrautöl. Eine Wärmflasche mit einem feuchten (mehr Tiefenwirkung!) Tuch darunter gehört allerdings nicht unbedingt auf den Rücken, sondern auf die Stelle über dem Schambein, wo die Bauchmuskeln ansetzen – denn die sind oft verkürzt und verspannt, wenn es Rückenprobleme gibt.

- Aus dem **Kundalini-Yoga** stammt eine einfache Entlastungsübung: Sie gehen in den Vierfüßlerstand, beim Ausatmen formt Ihr Rücken einen Katzenbuckel, beim Einatmen einen Pferderücken (10- bis 20-mal im Atemrhythmus wiederholen).
- Die **Beckenwippe** gehört zur Feldenkrais-Methode: Sie legen sich flach auf den Rücken, Beine anwinkeln und halten, dann lassen Sie ganz langsam das Kreuzbein im Uhrzeigersinn kreisen und drücken es dabei ein wenig gegen die Unterlage.
- Eine Studie der Berliner Charité hat bewiesen, dass **Akupunktur** bei 86 Prozent der Betroffenen Erfolg zeigt. Außerdem sollten Sie sich bei Ihrer Krankenkasse nach Krankengymnastik auf Schein erkundigen, meistens werden auch Rückenschul-Kurse übernommen.
- Als eine der erfolgreichsten Methoden bei Rückenproblemen gilt die **Osteopathie**, bei der Blockaden mit den Fingern ertastet und behoben werden (s. »Kopfschmerzen« S. 13).

Achtung: Dass Sie beim Heben von Lasten immer in die Hocke gehen müssen, ist für Sie hoffentlich nichts Neues!

Schläfrigkeit

Sollten Sie zu den Frauen gehören, die ständig mit einem Schlafzimmerblick durch die Flure schleichen und nach Feierabend schon bei den 20-Uhr-Nachrichten auf dem Sofa einschlummern, dann steckt vielleicht ein größeres Problem dahinter, nämlich die chronische Schläfrigkeit: Lassen Sie beim Arzt Ihren Blutdruck checken oder den Eisenwert Ihres Blutes. Frauen mit einer starken Regelblutung, aber auch so genannte Puddingvegetarierinnen, die sich zwar fleischlos, aber nicht ausgewogen ernähren, leiden oft an chronischem Eisenmangel – zu wenig Eisen heißt aber auch zu wenig Sauerstoff im Blut!

Oder Ihre Schilddrüse ist schuld. Eine Unterfunktion dieses Organs kann Sie nämlich in einen Zombie verwandeln!

Gegen zeitweise Übermüdung helfen ein paar einfache Übungen bzw. ein Mittagsschläfchen (s. S. 92).

Schlafstörungen

Süßer Schlaf! Nur er lässt die Sorgen von einem auf den nächsten Tag erheblich schrumpfen. Im Schlummer finden wir Auswege, die uns bei Bewusstsein nie in den Kopf kommen. Aber wehe, wenn sich die Probleme von innen an der Schädeldecke festkrallen. Wenn Sie mit jedem Wälzen von einer Seite auf die andere immer ängstlicher, trauriger oder wütender werden. Wenn sich dann noch die Furcht vor einer schlaflosen Nacht dazu gesellt, dann hat sich der Turm der angehäuften Probleme am Morgen um ein Stockwerk erhöht: Sie leiden an Schlafstörungen.

Zuerst die schlechte Nachricht: Hinter langjährigen, chronischen Schlafproblemen stecken immer auch widrige Lebensumstände. Gut möglich, dass Sie eigentlich längst den Partner oder den Job wechseln müssten. In so einem Fall hilft vor allem der Gang zur psychischen Beratung.

Andere Faktoren sind einfacher dingfest zu machen: Stress, Probleme im Job oder in der Beziehung, das Wetter, aber auch die Hormone haben Einfluss auf die Qualität der Nachtruhe. Zum Beispiel neigen Frauen vor der Menstruation zu längeren Tiefschlafphasen.

Wer keinen chronischen Schlafmangel riskieren will, sollte sich an folgende Regeln halten:

- Sorgen Sie dafür, dass bis zum Weckerklingeln mindestens sieben Stunden bleiben.
- Legen Sie sich möglichst jeden Abend zur gleichen Zeit ins Bett.
- Überprüfen Sie, wie lange Sie eigentlich schon an derselben Matratze horchen. Wenn das Ding in der Mitte eine tiefe Mulde hat und diverse Spuren noch aus der Zeit mit dem ersten Freund stammen, dann ist es höchste Zeit für eine Investition in Ihre Schlafstätte.
- Schauen Sie sich die Umgebung Ihres Bettes an: Blicken Sie auf einen chaotischen Schreibtisch, ein Bügelbrett oder in eine Neonröhre? Nicht mal ein Murmeltier würde sich hier gerne zusam-

menrollen. Sie müssen keinen Innenarchitekten beschäftigen, aber zumindest dafür sorgen, dass Arbeiten und Schlafen in zwei getrennten Bereichen stattfinden.

- Mitternachtssnacks sollten Sie sich verbieten. Auch wenn es schwer fällt: Ab 18 Uhr sollte nur noch eine leichte Suppe oder ein Salat auf dem Plan stehen.
- Wer vor dem Zubettgehen eine letzte Zigarette dampft, hat selbst Schuld, denn das regt an. Genau wie alle koffein- oder teeinhaltigen Getränke. Außerdem: Alkohol mag kurzfristig beruhigen oder einlullen, ansonsten ist er ein Schlafkiller!
- Regelmäßigen Sport sollten Sie auf den Morgen oder den frühen Abend legen. Danach riskieren Sie trotz Erschöpfung nämlich einen schlechten Schlaf.
- Versuchen Sie, während des Tages in jedem Fall wach zu bleiben. Ein ausgedehnter Mittagsschlaf ruiniert Ihre Tagesverfassung und ist kein Ersatz für Nachtruhe. Es sei denn, er dauert nicht länger als 20 Minuten (s. »Mittagsschläfchen« S. 92).
- Bringen Sie mit dem Körper auch die Augen in Schlafstellung, d. h. Sie drehen die Augen unter den geschlossenen Lidern nach oben und setzen dieses – etwas anstrengende – Schielen einige Minuten fort. Dadurch wird reflektorisch ein leichter Schwindel ausgelöst, der bald in Schlaf übergeht.
- Testen Sie einen Yogakurs oder autogenes Training – wahrscheinlich werden Sie schon in den Kursstunden wegschlummern, d. h. Sie müssen die gleichen Übungen nur zu Hause wiederholen.
- In esoterischen Läden werden angeleitete Fantasiereisen auf Kassette oder CD angeboten. Lassen Sie das Band neben Ihrem Bett laufen und konzentrieren Sie sich nur auf die Stimme der Sprecherin.
- Oder mit eigener Fantasie: Stellen Sie sich vor, wie Sie hartnäckige, störende Gedanken in einen Ballon stecken und diesen loslassen, so dass er durchs Fenster entschwebt. So schicken Sie eine Sorge nach der anderen in den schwarzen Nachthimmel.
- Der simpelste psychische Einschlaftrick beruht auf der Technik der paradoxen Intervention: Schlafforscher »quälen« ihre Patienten mit einem Schlafverbot, d. h. sie bitten sie, so lange wie mög-

lich wach zu bleiben. Dadurch verschiebt sich der gedankliche Fokus – weg von krampfhaften Einschlafversuchen. So kommt der Schlaf von allein durch die Hintertür.

- Bevor Sie zur Tablette greifen, lohnt sich ein Versuch mit Hausmitteln: Melissentee, Baldriantabletten oder homöopathisch: Coffea in der Konzentration D6 als Kügelchen (potenzierter Kaffee, denn nach homöopathischer Tradition wird Gleiches mit Gleichem behandelt).
- Ein warm-kaltes Wechselfußbad (mit Melissen- oder Lavendelöl) direkt vorm Schlafengehen hilft beim Aufstieg in die Wolken. Noch besser: Sie lassen sich die Füße vorher massieren.
- Und der Tipp schwedischer Schlafforscher: Drei Saunagänge in der Woche à zehn Minuten erhöhen die Zahl der Tiefschlafphasen.

Achtung: Wer sich dreimal in der Woche oder länger als einen Monat mit Schlafproblemen herumschlägt, gehört zum Arzt oder Therapeuten. Sie riskieren sonst weitere gesundheitliche Probleme, einen Unfall oder Ihren Job!

Die Uni Münster betreut eine hervorragende Website zum Thema Schlafprobleme – vom Schlaftraining über Medikamente bis zu Selbsthilfegruppen: www.schlafgestoert.de.

Sodbrennen

Wenn der Heißhungeranfall auf einen nervösen Magen trifft, heißt die Rache Ihres Körpers: Sodbrennen. Einfachstes Gegengift ist mehrmals am Tag ein Schluck Milch. Um überschüssige Säuren abzufangen, hilft ein Teelöffel Heilerde oder Natron (aus dem Supermarkt, auch Kaisernatron genannt) vermischt mit einem Glas Wasser (keine Obstsäfte!).

Tinnitus

Dass zum Beispiel Unternehmensberatungen mit einer Belegschaft aus extrem belastungsfähigen, intelligenten und (bei Einstellung) kerngesunden, jungen Menschen hauseigene Seminare zum Thema Tinnitus anbieten, sollte jedem Menschen zu denken geben, der über lange Zeit Stress ausgesetzt ist. Dass diese Seminare meist wieder abgesetzt werden, weil die jungen Berater wegen der hohen Arbeitsbelastung keine Zeit finden, sich die Termine freizuhalten, ist erstens ein Treppenwitz und zweitens ein Zeichen, dass ein Unternehmen zuerst am Umsatz und dann an Ihrer Gesundheit interessiert ist.

Wie bei vielen typischen Managerkrankheiten sind inzwischen genauso viele Frauen wie Männer betroffen. Wenn Ihnen die charakteristischen Ohrgeräusche wie Pfeifen, Klingeln oder Zischen anhaltend über mehrere Stunden auf die Nerven gehen, sollten Sie alles stehen und liegen lassen und zum Arzt düsen. Je früher ein Tinnitus behandelt wird, desto größer sind die Chancen, dass sich keine chronische Krankheit entwickelt. Tinnitus ist keine Erkrankung des Innenohrs, sondern eine Fehlverarbeitung von Reizen im Gehirn und wird in akuten Fällen zunächst mit **Infusionen** kuriert, die die Fließeigenschaften des Blutes verbessern.

- In anderen europäischen Ländern hat sich die **Sauerstofftherapie** etabliert, d. h. eine Behandlung in einer Überdruckkammer. Hierzulande ist die Methode relativ unbekannt (fragen Sie bei den unten genannten Adressen).

- Am Berliner Moabit-Krankenhaus hat man mit Erfolg **Blutegel** angewendet, die direkt hinters Ohr gesetzt werden.

- Bei chronischem Tinnitus kommt ein ganzes Behandlungsprogramm zum Einsatz: Die **Tinnitus-Retraining-Therapie (TRT)** ist eine Mischung aus Entspannungstechniken, Akupunktur, Homöopathie und Elementen der Physiotherapie. Dazu werden eventuelle seelische und psychosomatische Störungen ausgelotet. Außerdem wird der Patient mit einer Art Hörgerät beschallt, das ein »weißes Rauschen« erzeugt, d. h. mit allen unterschwelligen Frequenzen, die ein menschliches Ohr wahrnehmen kann. Bei 80 Prozent aller Betroffenen kann der Tinnitus mit dieser Kombi-Therapie deutlich verbessert werden.

- Durchschlagende Erfolge wurden außerdem mit einer **Hypnosetherapie** erzielt: Milton Erickson Institut, Leiter: Ortwin Meiß, Eppendorfer Landstr. 56, 20249 Hamburg, Tel.: 040-480 37 30, Sprechstunde Montag und Donnerstag, 10 bis 12 Uhr, oder im Internet: www.Milton-Erickson-Institut-Hamburg.de. Dort finden

Sie auch Verweise zu anderen Hypnoseinstituten, die gezielt Therapeuten in Wohnortnähe vermitteln.

Hilfe und Infos bietet die Deutsche Tinnitus-Liga e. V.; Tel.: 02 02-24 65 20; www.tinnitus-liga.de.

Verstopfung

Solange eine Zeitung da ist, die er mit aufs Klo nehmen kann, ist der Stuhlgang eines Mannes durch kaum etwas aus dem Takt zu bringen.

Bei Frauen ist die Verdauung dagegen oft ein Seismograph für Stimmungen oder Hormonschwankungen. Es reicht, wenn uns ein Hotelzimmer nicht gefällt – schon macht der Darm dicht. Bevor Sie zum Abführmittel greifen: Abgesehen von Obst mit viel Enzymen (Ananas, Papaya, Erdbeeren), Joghurt und Leinsamen oder Buttermilch kann ein Salat mit Artischocken den Darm anregen. Außerdem haben frische Heidelbeeren sowohl bei Verstopfung als auch bei Durchfall eine regulierende Wirkung.

Wenn das alles nicht hilft, verlangen Sie in der Apotheke nach CO_2-Zäpfchen: Das Kohlendioxid bläht die unteren Eingeweide ein wenig auf. Wundern Sie sich nicht über Geräusche. Durch das Gas fängt es an zu blubbern wie aus einem Taucherschnorchel! Dem Darm wird Überfüllung signalisiert – der Effekt: Entleerungsreiz. Achtung: Das nächste Klo sollte höchstens ein paar Schritte entfernt sein!

Völlegefühl

Warum sollte man bei latenter Unzufriedenheit – ohne zu wissen, warum eigentlich – oder auf Männerentzug nicht mal einer akuten Fressattacke nachgeben? (Solange es nicht zur Gewohnheit wird!) Das Völlegefühl danach wird gemildert, wenn Sie einen Salat mit Radicchio, Chicorée, Endivien oder Löwenzahn (auch als Saft) ins Menü einbauen – also alles, was Bitterstoffe enthält und die Galle lockt. Artischocken-Saft (Reformhaus), in Kapseln oder als Likör, entlastet vor allem nach fettigem Essen. Oder Sie schütten einen Digestiv oben drauf – Obstwässerchen z. B. locken die Magensäfte.

Angetörnt – von Lust über Umwege zur Leiden(-schaft)

Auf keinem Gebiet des Lebens stehen wir uns so oft selbst im Weg. Aber: Sexuelle Intelligenz kann man lernen, indem Sie Ihre Intuition schulen, Ihre eigene Körpersprache verstehen und männliches Gebaren fachgemäß entschlüsseln – und die Initiative ergreifen!

Flirtbörse

Auf »Fisch-sucht-Fahrrad-Partys« treffen sich angeblich nur Leute, die eine feste Beziehung haben und mal wieder ihren Marktwert testen wollen, um das Selbstbewusstsein aufzupäppeln. Ob dieses Gerücht nun stimmt, können Sie selbst erproben. Allerdings reichen allein die aufgesetzte Single-Fun-Atmosphäre sowie die dämlichen Kontaktspielchen auf diesen Veranstaltungen, damit Ihnen das Flirten vergeht.

Auch von kostspieligen Partnervermittlungen – zwischen 4 000 und 11 000 Euro müssen Sie investieren – können wir nur abraten: Einer der großen Privatsender schickte einen Testkandidaten, der beim Vorstellungsgespräch freimütig erzählte, dass seine letzte Freundin abgehauen sei, weil er sie geschlagen hat und dass er als Ersatz gern eine hätte, die nicht so zimperlich ist. Alle heimlich gefilmten Agenturen nahmen ihn ohne Wimpernzucken und gegen Anzahlung in ihre Kartei auf!

Auf der Suche nach einem geeigneten Partner sollten Sie die Trampelpfade meiden und auf alternative Flirtbörsen ausweichen: Machen Sie dort die Augen auf, wo sich Menschen mit ähnlichen Freizeitinteressen, eine Mehrheit von Männern oder einfach gezwungenermaßen viele Singles aufhalten, z. B.:

- **Am späten Samstagmorgen im Supermarkt.** Wer sich hier allein auf den letzten Drücker mit ein paar Vorräten fürs Wochenende eindeckt, war wahrscheinlich in der Nacht zuvor erfolglos auf der Piste unterwegs. Lassen Sie Ihren Blick über den Wageninhalt streifen: Bei Tiefkühlpizza und Dosenbier sollten Sie weiter schieben (es sei denn, Sie haben das Gleiche in Ihrem Einkaufskorb). Bei frischen Früchten, Rucolasalat, Glasnudeln oder Meeresfrüchten

u. ä. können Sie ihm einen Rezeptvorschlag machen oder einen Tipp geben, wo es dazu passend frischen Koriander gibt…

- **Am Samstagnachmittag im Fußballstadion.** Wichtig: Achten Sie auf die Fanstruktur der gegnerischen Mannschaften, d. h. lieber in der St. Pauli- als in der HSV-Kurve stehen! Auch bei Sonnenschein empfiehlt sich wetterfeste Kleidung – wegen der im Jubel oder bei Buhrufen aus Versehen geleerten Bierbecher. Während die Jungs gebannt aufs Feld starren, sehen Sie sich in Ruhe im Publikum um, drängeln sich durch, bis Sie neben Ihrem Lieblingsfan stehen und lassen sich beim nächsten Tor anrempeln oder mit Bier überschütten. Das geht natürlich auch beim Basketball- oder Eishockeyspiel.

- **Am Sonntagnachmittag im Stadtpark** in Begleitung eines Hundes, den Sie sich bei Bekannten ausgeliehen haben. Sie müssen sich nur einen attraktiven Hundebesitzer aussuchen, den dazugehörigen Hund ausfindig machen und im richtigen Moment die Leine ausklinken.

- **Am Sonntagnachmittag auf runden Joggingstrecken.** Nicht-Singles sind zu dieser Zeit mit ihrem Partner im Museum oder auf dem Flohmarkt unterwegs. Erst abwarten, in welche Richtung der Auserwählte um den See joggt und ihm dann entgegenlaufen. Nach einem intensiven Blickkontakt in der ersten Runde merken Sie sich die Uhrzeit und wiederholen das Ganze am darauffolgenden Sonntag – die meisten Jogger haben feste Laufzeiten –, irgendwann folgt das erste Lächeln, gemeinsames Stretching etc.

- Lassen Sie sich bei nächster Gelegenheit als **Wahlhelferin** engagieren – so lernen Sie auf unverfängliche Weise alle interessanten Männer Ihres Bezirks kennen (und deren Familienverhältnisse). Wenn sich nicht gleich ein Gespräch entwickelt, haben Sie bei einem Wiedersehen vorm Gemüsestand um die Ecke immer einen Anknüpfungspunkt: »Ist es etwa auch Ihre Schuld, dass die jetzt gewonnen haben?«

- Machen Sie den **Motorradführer-, Segel- oder Fallschirmspringerschein.** Sie müssen keinen dieser Kurse durchziehen – die Theorie-Stunden sollten für einen ersten Kontakt reichen.

- Billiger und meistens sinnvoller sind die **Kurse der Automobilclubs** wie Schleuder-, Park- oder Sicherheitstraining (für Mitglieder 70 Euro, für Nichtmitglieder 122 Euro). Infos unter Tel.: 0 18 05-10 11 12.
- Wer zunächst anonym bleiben will, kann natürlich auch übers Netz Kontakte knüpfen: www.lovetalk.de, www.cyberflirten.de, www.lovecafe.de, www.new-in-town.de (hier kann man auch einen Sparringspartner nur fürs Badminton finden).

Fremdgeher

Der Verdacht ist schlimm genug, aber die Recherche danach ist umso entwürdigender: Wer hat schon Lust, Taschen zu durchwühlen oder Festplatten nach heimlichen Mails zu durchkämmen? Besser man versucht, das Risiko schon vorher möglichst klein zu halten, indem man bei der Partnersuche auf bestimmte Kriterien achtet, die US-Forscher der Universitäten Washington und North Carolina für potenzielle Fremdgeher bzw. treue Gatten ermittelt haben:

- **Je früher** Sie sich auf einen Mann festlegen, desto größer die Wahrscheinlichkeit, dass er irgendwann ausbricht. Wer ab 30 in eine verbindliche Beziehung oder in die Ehe stolpert, hat sich ausgetobt und wird später seltener auf die Idee kommen, etwas verpasst zu haben.
- **Religiosität** schützt vor Seitensprüngen: Regelmäßige Kirchgänger zieht es weniger in fremde Betten, selbst wenn sie unglücklich sind (hier gilt es allerdings zu bedenken, dass der eheliche Sex u. U. wegen potenzieller religiöser Verklemmtheit sowieso nicht besonders prickelnd ist!).
- Ein **hohes Einkommen** des Partners hat viele angenehme Begleiterscheinungen, aber den einen Nachteil: Die Fremdgehrate steigt mit dem Wohlstand. Erstens weil die Kosten einer heimlichen Liebschaft nicht weiter auffallen, zweitens weil das fette Bankkonto Konkurrentinnen anlockt.
- Dass **Gelegenheit** Diebe macht, ist in diesem Fall eine wissenschaftlich bewiesene Binse: Die Zahl der Geschäftsreisen und Fortbildungen hat direkten Einfluss auf die Frequenz der Affären. Übrigens bei beiden Geschlechtern – mit dem Unterschied, dass es

Männer vor allem dann erwischt, wenn die Karrierehöhepunkte überschritten sind, also zwischen 55 und 65 Jahren. Frauen werden dagegen schon ab 35 (bis 50) empfänglicher für Nebenbuhler.

- Bei Studien in Deutschland hat man herausgefunden, dass vor allem **Menschen mit sozialen und humanwissenschaftlichen Berufen** zu heimlichen Liebschaften neigen. Insgesamt sind es eher die Hirnarbeiter, die betrügen, als Männer mit handwerklichen Berufen. Jeder dritte Ehemann mit fester Freundin ist von Beruf Arzt, Psychologe, Lehrer oder Sozialarbeiter (s. »Geliebte« S. 64). Also Vorsicht bei Lehramtskandidaten (für den Fall, dass Sie selbst unterrichten, heißt das natürlich umgekehrt, dass sich ungeahnte Chancen auftun ...).

Fruchtbare Tage

Ein Kondom sollte beim Spontan-Sex mit einer neuen Eroberung natürlich nie fehlen – als einziges Verhütungsmittel ist es allerdings ziemlich riskant. Wenn Sie wenigstens sichergehen wollen, dass Sie nicht ausgerechnet die fruchtbaren Tage erwischen:

Checken Sie mit zwei Fingern den Gebärmutterschleimpfropf vorm Muttermund. Ist der Schleim dünn und flüssig, dann ist das Ei unterwegs. Ein zusätzlicher Hinweis ist ein feuchtes Gefühl am Scheideneingang (bitte überprüfen, bevor Sie erregt sind!). Rund um den Eisprung verändert sich auch der Muttermund selbst. Er wird weicher, öffnet sich ein bisschen und zieht sich nach hinten in die Gebärmutter zurück. An allen anderen Tagen ist er fest verschlossen und fühlt sich beim Tasten eher wie eine Kirsche an.

Körpersprache

Welches Phänomen, welcher Stoff, welch verborgene Schicksalskraft wirklich dafür verantwortlich ist, dass zwei Menschen sich sexuell anziehen, wird die Menschheit wohl nie ganz entschlüsseln. Eigentlich ist es ja auch besser so, denn das Leben wäre ein Stück langweiliger. In der modernen Welt allerdings häufen sich zwischengeschlechtliche Zusammenstöße, bei denen einer etwas missverstanden oder falsch gedeutet hat. Die daraus entstehenden Enttäuschungen und Zurückweisungen lassen sich teilweise vermeiden, wenn man den anderen richtig liest. Natürlich können Sie als Frau immer versuchen, einen Stoffel durch eindeutige **erotische Signale** (s. S. 33) auf die richtige Idee zu bringen. Aber bevor Sie sich einen Korb holen, lohnt es sich, Ihren Instinkt für nonverbale Kommunikation zu schulen. Deshalb hier ein kleiner Crash-Kurs in Sachen Körpersprache:

Anhaltspunkte für unterschiedliche Erwartungen auf beiden Seiten. Er ist entweder indifferent oder desinteressiert:

- Eine **geschlossene Körperhaltung**, d. h. verschränkte Arme, übereinander geschlagene Beine, die von Ihnen wegzeigen, bedeutet Verteidigung oder gar Abwehr. Als Reaktion bei einer hitzigen Diskussion muss Sie das nicht verwundern. Aber wenn Sie ihn im selben Moment mit einem lasziven Augenaufschlag bezirzen, müssen Sie sich klarmachen, dass Ihr Charme nicht ankommt.
- Ein interessierter Zuhörer wird während eines Gesprächs von Zeit zu Zeit nicken, um Wohlwollen zu signalisieren. Folgt aber ein **Nicken** dem anderen (ohne inhaltliche Verbindung zum Gesagten), verbunden mit einem starren Gesichtsausdruck und aufeinander gepressten Lippen, dann hält sich Ihr Gegenüber gerade mit Mühe an die Regeln der Höflichkeit – eigentlich ist er schwer genervt.
- Ein weiterer Hinweis, dass er Ihren Redebeitrag für zu lang, zu blöd, zu weit links oder rechts oder einfach für unverständlich hält: Seine Hand hält das Kinn, gleichzeitig legt sich ein **Finger über die Lippen**, dazu ein angestrengter Blick von unten. Ein gleichzeitig angespannter Unterkiefer lässt auf Gereiztheit und Unwillen schließen.
- Sind die Finger ineinander verschränkt (Vorstufe zur Gebetsgeste), während er die Ellenbogen aufstützt, so dass die Fingerspitzen zu beiden Seiten in die Luft »stechen«, sprechen Verhaltenstrainer vom **»Stachelschwein«** – der Name sagt alles: Dieser Mann ist auf Abwehr.
- Der **Nacken** bzw. Hals eines Beutetiers ist erstes Angriffsziel seines Verfolgers. Ein Mann, der sich im Gespräch über diese Partie streicht, folgt einem archaischen Instinkt – die Deutung dieser Geste ist leider kein Kompliment für seine Begleitung, denn offen-

sichtlich fühlt er sich extrem unbehaglich. Könnte aber auch sein, dass Sie thematisch einen wunden Punkt getroffen haben.

- Wandern die Finger über den **vorderen Hals**, also zwischen Kinn und Kragen, gibt es ebenfalls wenig zu deuten: Ihr Begleiter hätte gern etwas mehr Luft, er fühlt sich offensichtlich beengt – auch dahinter könnte natürlich ein Gesprächsthema stecken, das ihm »an die Gurgel« geht.

- Lässt Ihr vermeintlicher Flirt seinen **Blick durch den Raum schweifen**, während Sie reden, dann ist das nicht nur unhöflich – es beweist auch eindeutiges Desinteresse. Es sei denn, er hält nervös Ausschau (ständiger Blick zur Tür), weil die Gefahr besteht, dass er mit Ihnen erwischt wird. Dann müssen Sie sich entscheiden, ob Sie ihn auch abschleppen wollen, wenn er eine andere betrügt, oder Sie sprechen ihn direkt darauf an. Falls er lügt (s. S. 69), lässt sich auch das an der Körpersprache ablesen.

- Verlassen Sie sich nicht auf sein **Lächeln**, wenn sich dabei nur der Unterkiefer bewegt. Echte Zuneigung drückt sich auch in Lachfalten aus, unabhängig vom Alter!

Diese Zeichen lassen hoffen:
- Bei einer **offenen Körperhaltung** ist der Oberkörper in Ihre Richtung vorgebeugt, die Beine sind entweder locker übereinander geschlagen – dabei bildet das obere Bein einen »Vertrauenskreis« mit Ihrem – oder die Beine sind leicht gespreizt oder ein Bein streckt sich Ihnen unterm Tisch entgegen, sucht nach »Nähe«.

- Beim Reden zeigen seine **geöffneten Handflächen** in Ihre Richtung, vor allem Gesten mit der linken »Herzenshand« sollen Sie einladen, ihm zu vertrauen.

- Landet seine rechte Hand immer wieder in der Gegend des Herzens, analog zum Ausspruch: **»Hand aufs Herz«**, dann offenbart er beim Reden wahrscheinlich echte Gefühle (es sei denn, er ist Italiener).

- Wenn er **Ihren Bewegungen folgt** oder sogar zeitgleich mit Ihnen Haltung oder Gestik verändert, dann scheinen auch Ihre Gefühle im Einklang zu sein.

- Mit **Berührungen** im eigenen Gesicht, insbesondere an der Wange, signalisiert er eindeutig zärtliches Interesse.
- Auch Männer spielen beim Reden manchmal mit ihren **Haaren** oder »rollen« Haarsträhnen zu Locken und verraten damit dasselbe wie Frauen: Dies ist ein Flirt.
- Auf eine Ihrer Äußerungen wandert seine **Zunge** in die Mundwinkel – soll heißen: Das war etwas »Leckeres«, die letzten Reste des Satzes (Komplimentes) werden mit der Zungenspitze eingesammelt.

Vorsicht bei Männern, die sich gerne mit weit gespreizten Beinen und einem aufgestellten Bein auf Geländern, Balustraden etc. präsentieren – die demonstrativ zur Schau gestellte Potenz lässt auf Macho-Allüren schließen.

Eine typisch männliche Dominanzgeste ist außerdem der an die Wand gestellte Arm. Das heißt sein Ellenbogen ist auf Höhe Ihres Gesichts und versperrt Ihnen die Flucht in diese Richtung: eine latent bedrohliche Geste – es sei denn er küsst Sie gerade zum ersten Mal und Sie haben nichts dagegen!

One-Night-Stand

Neben einer taufrischen Bekanntschaft in einer fremden Wohnung aufzuwachen, kann ein Lächeln auf Ihr Gesicht zaubern – oder aber den Ausdruck blanken Entsetzens. Gehen wir mal von Letzterem aus und davon, dass er bereits wach ist – für eine feige Flucht nach dem One-Night-Stand ist es also zu spät.

Folgende Auswege oder Notlügen bieten sich an, falls Sie es auf jeden Fall bei einem One-Night-Stand belassen wollen:

- Sie schlagen die Hand vor den Mund, rennen im Affenzahn aufs Klo und imitieren dort lautstarke Würgegeräusche. Bei der Rückkehr ins Schlafzimmer machen Sie ein leidendes Gesicht, halten sich den Bauch, erwähnen, dass sich jetzt auch noch Ihr Darm regt und fragen nach einem Taxi.
- Sie täuschen Schwindel und Übelkeit vor, erklären, Sie seien Dia-

betikerin und müssten dringend nach Hause für eine Insulin-
spritze.

- Sie fassen sich auf dem Klo ins Auge, kommen mit dem Ausdruck
plötzlichen Erinnerns und Tränen in den Augen herausgeeilt und
erzählen von Ihrer dreijährigen Tochter, die jetzt schon seit ges-
tern Abend darauf wartet, bei der Nachbarin abgeholt zu werden.
Während Sie sich anziehen, verfluchen Sie den Erzeuger des Kin-
des, der Ihnen schon seit Monaten den Unterhalt schuldet, und
bitten um Geld fürs Taxi.

**Verhält sich die Situation umgekehrt und der Fehlgriff rekelt sich in Ihrem
Bett, dann helfen folgende Strategien, um ihn zur Flucht zu bewegen:**
- Sie springen aus dem Bett und beginnen hektisch, Ihre Wohnung
zu putzen. Auf seine Nachfrage erklären Sie, dass Ihre Eltern in 20
Minuten vor der Tür stehen, dass er aber gern bleiben kann – falls
er Lust auf einen Nachmittag im Völkerkundemuseum hat.
- Bevor er richtig wach ist, erklären Sie ihm noch im Bett diverse
kleine Mängel in Ihrer Wohnung, inklusive Regal, das noch an die
Wand muss, und fragen ihn mit übertriebenem Augenaufschlag
und Mädchenstimme, ob er handwerklich begabt sei – eine Bohrmaschine (s. S. 109) wäre vorhanden.
- Sie kündigen an, dass Ihr bester schwuler Freund gleich mit seiner
neuen Eroberung vor der Tür steht, um Ihr Urteil zu hören. Ob er
vielleicht Lust hat beim Kuchenbacken zu helfen und zum Kaffee
dazubleiben?

Orgasmusfähigkeit

Unsere Orgasmen haben sehr unterschiedliche Erregungskurven – je
nach körperlicher Verfassung und natürlich abhängig vom eventuell
beteiligten Partner: Manchmal reicht es nur für einen kurzen Stoß-
seufzer (Hauptsache, man ist überhaupt gekommen), ein anderes Mal
explodiert das Becken. Sollten Sie Letzteres nur aus den Erzählungen
Ihrer Freundinnen kennen, dann versuchen Sie es doch mal mit einer
Übung aus dem Himalaya: Der sechste Tibeter (in Anlehnung an die
Yoga-Übungen »Die fünf Tibeter«) soll die Orgasmusfähigkeit enorm

steigern. Tibeter-Trainer versprechen etwas vollmundig ein Erdbeben. (Zumindest berichten Tibet gereiste Frauen von fantastischen Erfahrungen mit erleuchteten Einheimischen!) In jedem Fall sollten Sie die Übung einmal sieben Tage lang durchhalten:

- Aufrecht stehen.
- Ausatmen, während Sie sich nach vorne beugen.
- Die Hände ruhen auf den Knien, dann die restliche Luft kräftig rauspressen.
- Den Atem so halten und wieder aufrecht hinstellen. Dabei stemmen Sie die Hände in die Hüften und drücken etwas nach unten, so dass sich die Schultern nach oben bewegen – und halten, so lange es geht. Wieder durch die Nase einatmen.
- Dabei sollten unbedingt die Beckenbodenmuskeln (zwischen Steißbein und Venushügel) angespannt werden. Wer nicht weiß, wie und wo: Stellen Sie sich vor, Sie hocken nackt auf einer Wiese und zupfen mit Ihren Schamlippen Grashalme. Oder: Einfach beim Pinkeln den Strahl anhalten.

Übrigens: Die Übung eignet sich ebenso für libidoschwache Männer – der sechste Tibeter steigert Ausdauer und Potenz!

Erotische Signale

Zwei Anstandswochen und zwei Endlos-Monate sind vergangen. Sie waren gemeinsam im Restaurant, im Kino, im Theater, aber er hat immer noch nicht angegriffen. Während Sie seufzend einer Sternschnuppe folgen, referiert er über schwarze Löcher? Und wenn Sie vorschlagen, von der vollgepackten, grellbeleuchteten Kneipe in einen lauschigen Club mit Kerzenbeleuchtung zu wechseln, reagiert er mit Unverständnis: »Wieso, ist doch nett hier?« Das heißt: Sie haben es zweifellos mit einem Nullmerker zu tun. Sie können sich vor diesem Mann ausziehen, dann wird er wahrscheinlich erschrocken aufspringen, um die Heizung runterzudrehen. Besser: Bringen Sie ihn sachte und zärtlich auf die sinnliche Schiene und setzen Sie – aber erst, nachdem Sie seine **Körpersprache** (s. S. 28) richtig gedeutet haben – erotische Signale:

- Nehmen Sie sich in Redepausen viel Zeit zum Überlegen, schauen Sie mit abwesendem Blick in die Ferne und lassen Sie dabei die

Zungenspitze über Ihre Mundecke gleiten. Bitte vorm Spiegel üben und nur anwenden, wenn Sie dabei nicht aussehen wie ein mit Schokoeis verschmiertes Schulmädchen!

- Während Sie ihm beim Reden zuhören, stützen Sie Ihr Kinn auf eine Hand, schauen ihm in die Augen. Dabei rutscht Ihr Blick immer wieder auf seinen Mund und bleibt dort drei Sekunden hängen, bevor Sie wieder aufschauen – als könnten Sie sich kaum von diesem Anblick losreißen.

- Sollte er sich beim Reden konzentrieren und dabei die Stirn runzeln, dann strecken Sie eine Hand aus und streichen ihm mit einer behutsamen Bewegung die Falten glatt. Diese Geste muss so selbstverständlich wirken, als würden Sie ein paar Krümel vom Tisch fegen.

- Vielleicht können Sie ein Kompliment über seine Hände ins Gespräch einbauen. Das gibt Ihnen Gelegenheit, sie anzufassen, um zum Beispiel Lebenslinien zu vergleichen. Dabei zeichnen Sie die Linien sanft mit den Fingern nach. Da die Handmulde mit Nervenenden übersät ist, sollte diese Geste ihm kleine Schauer bereiten.

- Erzählen Sie ihm (natürlich erstunken und erlogen, aber der Zweck heiligt die Mittel) von Ihrem letzten Auffahrunfall und demonstrieren Sie ihm an seinem Hals, welche Nackenpartien völlig verzerrt waren und wie der Schmerz von der Schläfe bis zur Schulter ausstrahlte – dabei streichen Sie mit den Fingerspitzen über die entsprechenden Partien.

Zeigt er bei all dem keinerlei Reaktion, dann fragen Sie ihn mit gesenktem Blick und leiser Stimme, ob er schwul sei – damit ist das Eis gebrochen für ein verzweifelt-spontanes und deshalb anrührendes Eingeständnis Ihrer Gefühle.

Vorsicht: Eine mit hohen Absätzen bewaffnete Fußspitze, die zufällig in Richtung Unterleib des Mannes zielt (weil Sie Ihr übereinander geschlagenes Bein wippen lassen), wird von ihm unbewusst als Bedrohung wahrgenommen!

Unlust

Noch nie war so viel Sex wie heute – omnipräsent auf Werbeplakaten, Zeitschriftencovern und natürlich auf allen Kanälen. Allerdings sagt das nichts über die durchschnittliche Aktivität in deutschen Schlafzimmern aus. Während auf der Straße und dem Bildschirm ein erotischer Angriffskrieg tobt, herrscht zwischen den Laken ein beängstigender Frieden. Ob dazwischen ein Zusammenhang besteht, konnte bis jetzt nicht geklärt werden. Aber wenn man den subjektiven Umfragen im eigenen Radius glaubt, dann ist es kein Wunder, wenn Frauen schon auf dem Nachhauseweg die Lust vergeht, weil sie durch Palmers-Plakate an jeder Bushaltestelle zum ständigen Vergleich herausgefordert werden. Dazu kommt die zwanghafte Thematisierung jeder erdenklichen Frage oder jedes Problems in Talkshows, Magazinen oder Dokus – über allem prangt die Überschrift: Alles ist erlaubt, nur keine Unlust!

Unsere Gegenthese lautet: Unlust ist sehr wohl erlaubt, so lange Sie nicht unglücklich macht. Ein paar Punkte zur **gedanklichen Aufklärung**:

- Erster Schritt auf dem Weg zur ausgeglichenen Sexualität ist die Frage an sich selbst: Glauben Sie vielleicht nur, unzufrieden zu sein, weil Ihnen die Medien weismachen wollen, Sie müssten mehr Sex haben? Denn: Der wirksamste Liebestöter sind Leistungsdruck und Ängste in Bezug auf die eigene Sexualität.
- Zweitens hilft es zu wissen, dass Sie nicht allein sind: 35 Prozent aller Frauen berichten, dass sie zumindest für eine gewisse Zeit kein Verlangen nach Sex haben. Also scheint temporäre Unlust eher der Normalfall als die Ausnahme zu sein. Weitere 20 Prozent erklären, nur selten zum Orgasmus zu kommen – trotzdem sind sie erregt und erleben Sex als befriedigend. Das heißt: Was Männer als Pleite empfinden, ist für viele Frauen einfach eine Variante weiblicher Sexualität.
- Drittens sollten Sie sich nicht erzählen lassen, Sie seien »frigide« (inzwischen ein Schimpfwort der Umgangssprache). Die eigentliche Übersetzung dieses Wortes (lat.) lautet: »Gefühlskälte« und trifft damit vor allem auf die Sorte egozentrischer Männer zu, die

Frauen frigide nennen, weil sie ihren sexuellen Wünschen und Ansprüchen nicht genügen – sprich auf Männer, die von weiblicher Sexualität keinen Schimmer haben.

Tipp: Vielleicht stehen Sie sich mit einem verzerrten Körperbild oder einer lustfeindlichen Einstellung einfach nur selbst im Weg? Dann könnten mehr Zeit und Gefühl für Ihren eigenen Körper den Weg frei machen für mehr Lust: In der Fantasie (vielleicht danach auch in der Realität) ist alles möglich, und auch masturbieren kann man lernen! Wie soll Ihr Partner Sie zum Höhepunkt bringen, wenn Sie selbst nicht wissen, wie Ihre Libido »tickt« oder welche Berührungen Ihre Vulva mag?

Um das Problem sinnvoll einzukreisen, sollten Sie zuerst alle möglichen **psychischen Ursachen** klären:

- An erster Stelle steht die Beziehungskrise: Ein **Partnerkonflikt** z. B., der »unterm Deckel« gehalten wird und im Geheimen weiterbrodelt, kann so viel Energie bündeln, dass für die Libido nichts mehr bleibt. Oder aber ein dominanter Partner: Was am Anfang sexy scheint, mündet manchmal in jahrelanger Missachtung Ihrer Bedürfnisse – irgendwann wird sich jede betroffene Frau mit körperlichem Rückzug rächen. Dazu kommen Zeitzwänge (besonders im Alltag mit Kindern), Arbeitshektik oder Gewohnheit. Aber auch bei zu viel Harmonie und Glück bleibt das Verlangen auf der Strecke, denn Erotik braucht ein Minimum an Distanz! Bevor Sie einen Paartherapeuten bemühen, können Sie es einfach mit Enthaltsamkeit probieren – an einem Abend pro Woche, den Sie exklusiv zu zweit verbringen. Erlaubt ist nur der Austausch von Zärtlichkeiten. Ohne den Druck, miteinander schlafen zu müssen, kehrt die Lust manchmal durch die Hintertür zurück.
- Manchmal geistern Eltern noch Jahre nach ihrem Tod durch die Schlafzimmer ihrer Kinder. Eine **sinnesfeindliche Erziehung**, starke Tabus, z. B. in Bezug auf Selbstbefriedigung, die an harte Strafen gekoppelt waren, zeigen oft bis ins hohe Erwachsenenalter ihre

Wirkung: Als Betroffene haben Sie diese Werte vielleicht so sehr verinnerlicht, dass Sie sich trotz eines liberalen Sexlebens (oder gerade deswegen) unbewusst selbst strafen – z. B. mit einem ausbleibenden Orgasmus. Am besten man versucht, den Glaubenssätzen seiner Kindheit mit Hilfe eines Therapeuten auf die Spur zu kommen, um sich dann bewusst davon zu lösen.

- **Traumatische Erfahrungen** in der Kindheit oder Jugendzeit, wie seelischer oder psychischer Missbrauch und körperliche Gewalt, sind oft so weit verschüttet, dass sich nur schwer ein Zusammenhang mit aktuellen sexuellen Problemen erkennen lässt. Die Folgen reichen jedoch bis zu schweren psychosomatischen Erkrankungen wie chronische Entzündungen und Verwachsungen, die beim Verkehr Schmerzen verursachen. Neben einem Gynäkologen braucht die Betroffene in jedem Fall auch psychologische Hilfe.

Zwei medizinische Begriffe tauchen oft als Befund bei Unlust auf:

1. **Anorgasmie**, d. h. die Betroffene erlebt keinen Orgasmus, obwohl sie erregt ist.
2. **Vaginismus**, das ist ein Scheidenkrampf im vorderen Bereich der Vagina, der ein Eindringen des Penis unmöglich macht, meistens verbunden mit einer trockenen Scheide.

In beiden Fällen hilft Ihnen die Diagnose nur bedingt weiter, denn dahinter verbergen sich die oben genannten psychischen Ursachen.

In den seltensten Fällen sind rein biologische Probleme schuld am Verschwinden der Lust:

- In der Menopause z. B. behindern fehlende Hormone die Produktion von Scheidenflüssigkeit. Mit einem Hormonpräparat (oral oder als Zäpfchen) lässt sich das Problem meist lösen.
- Zysten, Myome (gutartige Gewebeverdickungen) oder Endometriose (Gebärmutterschleimhautgewebe, das im Bauchraum an verschiedenen Stellen nistet) können beim Verkehr starke Schmerzen auslösen. Eine Bauchspiegelung kann also der Weg zur richtigen Diagnose sein. Bevor Sie aber operieren lassen, lohnt es sich, eine homöopathische Behandlung auszuprobieren!

- Auch andere chronische Krankheiten wie Rheuma oder Migräne können die Lust erheblich dämpfen. Dazu kommt, dass einige Medikamente in ihren (eventuell unbekannten) Nebenwirkungen als Lustkiller fungieren.

Was auch immer dahinter steckt: Erste Anlaufstelle für betroffene (oder einfach nur neugierige) Frauen sind die Pro Familia Beratungsstellen. Die Adressen finden Sie unter www.profamilia.de oder über den Bundesverband, Stresemannallee 3, 60596 Frankfurt a. M., Tel.: 0 69-63 98 52. Oder unter www.sexologie.org.

Auch die Unikliniken in den großen Städten bieten telefonische Auskunft und Sprechstunden, sind jedoch meistens überlastet, d. h. Sie müssen Geduld aufbringen.

Die sexualwissenschaftliche Abteilung des Universitätskrankenhauses Eppendorf in Hamburg z. B. hat jeden Tag von 10 bis 12 Uhr Sprechstunde. Termine werden aber nur an jedem letzten Freitag des Monats vergeben. Tel.: 0 40-4 28 03-22 25. In anderen Städten: Uniklinikum Frankfurt, Abtlg. für Sexualwissenschaften; Tel.: 0 69-63 01 76 14. Uni Kiel, Sexualmedizinische Forschungs- und Beratungsstelle, Tel.: 04 31-5 97 36 50. Humboldt Universität, Berlin, Institut für Sexualmedizin, Tel.: 0 30-45 06 23 02.

Neue Verhütungsmittel

Abgesehen davon, dass sie nachweislich die Libido erheblich dämpft, hat man jetzt herausgefunden, dass die **Pille** unter Umständen auch für eine falsche Partnerwahl verantwortlich sein kann. Die Veränderungen im weiblichen Hormonhaushalt führen dazu, dass sich auch der Geruchssinn wandelt. Da die genetische Ausstattung eines Menschen auch dessen Ausdünstungen bestimmt, lässt sich der passende Mann unter anderem auch »erschnüffeln« – eigentlich. Frauen unter Pilleneinfluss leiden also an einem (eventuell) folgenschweren Handicap – auf ihre Nase zumindest können sie sich nicht verlassen. Darüber hinaus gibt es eine Korrelation zwischen Pilleneinnahme und Schlaganfällen bei Frauen. Das sind schon mal zwei schlagende Gründe für den Wechsel zu einem neuen Verhütungsmittel:

Mirena, die Hormonspirale, ist sicherer als wirkstofffreie oder Kupferspiralen und hat drei enorme Vorteile:

- Durch das Gelbkörperhormon, das sie ausschüttet, reduziert sie die Monatsblutung, statt sie zu verstärken wie herkömmliche Spiralen.
- Sie verhindert aufsteigende Infektionen, da sie den Schleim im Gebärmutterhals verdickt.
- Sie kann fünf Jahre liegen bleiben, also ca. zwei Jahre länger als andere Spiralen, kostet aber auch 300 Euro (mit Einsetzen).

Nuvaring, der Vaginalring, funktioniert ähnlich wie die Hormonspirale mit einem Gelbkörperhormon/Östrogengemisch. Sie können ihn selbst einsetzen wie ein Diaphragma (im Gegensatz dazu ist er allerdings verschreibungspflichtig) und nach drei Wochen wieder entfernen (43 Euro für drei Monate).

Femidom, das Frauenkondom, macht Frauen unabhängig von männlichen Zicken. Es soll ja noch immer Männer geben, die eine Latex-Allergie vortäuschen, um kein Kondom überziehen zu müssen. Mit dem Femidom sind Sie vor Viren und Krankheitserregern geschützt, weil es die Innenwände der Scheide auskleidet. Am geschlossenen Ende ist ein Gummiring eingearbeitet, den Sie einführen und so weit wie möglich nach hinten schieben (wie einen Tampon). Das offene Ende überdeckt die kleinen Schamlippen. Nach dem Sex wird es, am besten noch im Liegen, herausgezogen.

Das Femidom muss nicht von einem Arzt angepasst werden wie z. B. ein Diaphragma und kostet rund drei Euro. Allerdings bekommen Sie das Frauenkondom nur in internationalen Apotheken (oder bei Auslandsbesuchen in England, der Schweiz, den USA), dafür ist es nicht verschreibungspflichtig.

Ausblick auf die Zukunft: **Seasonale**, die neue Pille ist zurzeit in den USA in der Erprobungsphase. Der Unterschied zur herkömmlichen Pille: Die Menstruation beschränkt sich auf drei bis vier Blutungen im Jahr. Hintergrund: Eine Frau in den Industrieländern durchleidet durchschnittlich 400 Blutungen (von der Pubertät bis zur Menopause), verliert ca. 105 Liter Blut und gibt 2 000 Euro für Binden und Tampons aus – muss das sein? Sollten die Studien gut laufen, kommt die Pille im Laufe dieses Jahres auf den amerikanischen Markt.

Fragen zur Verhütung beantwortet Pro Familia, die Geschäftsstellen in jeder größeren Stadt unter www.profamilia.de oder über den Bundesverband, Stresemannallee 3, 60596 Frankfurt a. M., Tel.: 0 69-63 90 02.

ABGESCHMINKT – vom Umgang mit kleinen Mängeln, derangierten Outfits und der Schwerkraft

Einige Schönheitsfehler lassen sich sogar in letzter Minute beheben, mit den anderen kann man gut leben. Wir zeigen Ihnen wie – ohne dass die Kosmetikindustrie Ihnen dabei zu viel Geld aus der Tasche zieht.

Anti-Aging

Es liegt in der Natur des Menschen, dass er am liebsten allumfassenden Heilsversprechen nachrennt. Da sich der Jugendwahn hartnäckig als Ersatz für andere sinnstiftende Ziele und als gesellschaftliches Leitbild hält – trotz fortschreitender Überalterung hierzulande –, lautet die neueste Aushilfsreligion: Anti-Aging. Dahinter steckt vor allem eines: eine Multimilliarden-Dollar/Euro-Industrie! Wenn Sie bei dem Hype mitmachen wollen, empfiehlt sich eine schnelle Existenzgründung (s. S. 82) mit einem Produkt, das eine jugendliche Erscheinung und ein langes Leben garantiert – dann sind Sie wenigstens finanziell auf der Gewinnerseite.

An erster Stelle auf der Anti-Aging-Produktliste steht das Hormon DHEA (Dehydroepiandrosteron), dann folgen diverse Antioxidanzien und Wachstumshormone. Es gibt bis jetzt keinen Beleg, dass irgendeine Substanz bei Menschen oder auch nur bei Versuchstieren wie Ratten oder Mäusen Alterungsprozesse verzögert. Im Gegenteil: Bei einem Rattenversuch starben genau die Tiere schneller, bei denen eine Überproduktion an Wachstumshormonen festgestellt wurde (Arzneimitteltelegramm 2002).

Vor Produkten aus den USA, die als Nahrungsergänzung vertrieben werden und dort nicht verschreibungspflichtig sind – wie DHEA oder Melatonin – wird gewarnt. Den Verkauf dieser Mittel in den Staaten bezeichnen auch amerikanische Wissenschaftler als einen »riesigen nicht genehmigten Menschenversuch«.

In den USA wurde die bislang größte Studie zur **Hormontherapie** nach den Wechseljahren mit 16 000 Probandinnen vorzeitig abgebrochen, weil die Zahl der Schlaganfälle und Herzinfarkte sowie das

Brustkrebsrisiko gestiegen war (die Gefahr von Knochenbrüchen und Darmkrebs hatte sich verringert)! Fazit: Die Risiken überwiegen den Nutzen.

Prof. Dr. Martina Dören vom Klinischen Forschungszentrum für Frauengesundheit an der FU Berlin rät Frauen deshalb dringend davon ab, sich vorbeugend irgendeiner Hormontherapie zu unterziehen. Auch gegen Wechseljahrbeschwerden sollte sie nur bei ausgeprägtem Leidensdruck zum Einsatz kommen. Lassen Sie sich nicht zu sehr vom Arzt beeinflussen, sondern entscheiden Sie selbstverantwortlich (unter Inkaufnahme der Risiken).

Als wirksamstes Anti-Aging-Mittel nennt Professor Dören vier Faktoren:

1. Normalgewicht
2. Sport
3. nicht rauchen
4. eine gesunde Ernährung

Das ist zwar die Wahrheit, aber – zugegeben – auch ein bisschen sehr nüchtern. Deshalb fügen wir der Liste noch ein paar Alternativen hinzu, denn Sie können das Alter zwar nicht aufhalten, aber Sie können daran arbeiten, sich jünger zu fühlen (aber nicht, ohne langfristig den Lebensstil zu ändern):

- Vitamin-C (reichlich in Kiwis, Paprika, Kartoffeln) z. B. fängt freie Radikale (in Giften, UV-Strahlen oder Nikotin), die auf molekularer Ebene Gewebe angreifen – allerdings nur in Maßen, sonst wird es selbst zum Radikal!
- Zuckerverzicht hält jung. Das Gewebe der Organe wird durch Zucker starr und unelastisch, die Haut erschlafft und Gelenke werden unflexibler.
- In Kürbiskernen, Hülsenfrüchten (Vollkornbrot), Tofu oder grünem Tee sind Phytoöstrogene enthalten, die eine hormonähnliche Wirkung haben. Es gibt sie auch als Fertigpräparate in der Apotheke, allerdings weiß man nicht, ob sie in dieser Form genauso wirksam sind.

Auch Stresshormone lassen Sie blitzschnell altern. Wenn sich Stress in Ihrem Leben nicht ganz vermeiden lässt, sollten Sie sich wenigstens in einer Entspannungsmethode üben, z. B. im autogenen Training, in Yoga oder Meditation etc.

Augenbrauen zupfen

Schön geschwungene Augenbrauen können Ihrem Gesicht von jetzt auf gleich einen aparten Anstrich verleihen: Falls Sie zum ersten Mal Ihre Augenbrauen zupfen, sollten Sie bedenken, dass Ihre Haut unter Umständen empfindlich reagiert. Bei einem wichtigen Termin sollte auf jeden Fall eine Nacht dazwischenliegen! Die beste Methode: Sie dehnen die Haut rund um die Braue zwischen Zeige- und Mittelfinger und reißen die Haare – in Wuchsrichtung! – mit Hilfe einer Pinzette und mit einem Ruck heraus. Idealerweise sollte die Augenbraue nicht breiter sein als die verlängerte Kurve des Unterlides.

Die gezupften Stellen kühlen Sie am besten mit einem Löffel, den Sie eine Stunde vorher im Kühlschrank deponieren.

Achtung: Nicht übertreiben! Ein Gesicht mit schmalen Streifen statt Augenbrauen büßt seinen individuellen Ausdruck ein!

Bräune

Die Badesaison startet, aber Ihre Haut leuchtet immer noch in winter-weiß: Wenn Sie künstliche UV-Strahlen umgehen wollen, benutzen Sie für den Übergang (und die ersten kurzen Röcke) einen preiswerten Selbstbräuner, den Sie mit einem feuchten Schwämmchen über Beine und Arme verteilen. Oder Sie kramen das Terracotta- bzw. ägyptische Puderrouge der letzten Saison raus und verteilen es mit einem ausgedienten großen Puderpinsel über die Stellen, die ans Licht sollen – solange Sie nicht zu sehr schwitzen, hält die Minimal-Bräune den ganzen Tag.

Fältchen

Plötzlich kommt die Schönheit von innen und von außen – wenn Sie für beides grünen Tee einsetzen. Das japanische Nationalgetränk ist ein Radikalfänger und – auch im Vergleich zu Kaffee – ein echter Wachmacher. Außerdem ein kleiner Jungbrunnen, gemessen an den Mineralien und Vitaminen, die drin stecken. Genauso wirkt er auf der Oberfläche: zwei aufgegossene Beutel als Augenkompressen (zehn Minuten Einwirkzeit) helfen schnell bei **müden Augen** und beugen Fältchen vor.

Flecken

Eine Neigung zum Kleckern hat etwas Kindlich-naives und weckt deshalb bei Ihren Mitmenschen durchweg Sympathien. Also, versuchen Sie nicht, sich krampfhaft zu disziplinieren, das wirkt zwanghaft. Trotzdem möchte natürlich jeder Kleidung ohne lästige Flecken am Leibe tragen. Bei hartnäckigen Blut-, Ei-, Kakao- oder sonstigen Flecken kann weiße Zahnpasta Wunder wirken: direkt auf die Schmutzstelle tupfen, eintrocknen lassen und ab in die Waschmaschine.

Oder: Ein netter Abend mit Freunden und Sie erwischen mit Ihrer ausladenden Gestik die Weinflasche, ein viertel Liter landet auf der beigen Hose: Schnappen Sie sich den Salztopf und leeren Sie den Inhalt über den Schandfleck, einfach liegen lassen, bis zum nächsten Morgen ist das Salz rosa und die Hose wie vorher.

Eingewachsene Haare

Eingewachsene Haare an den Beinen oder im Intimbereich sollten Sie mit einem Peeling behandeln, um überflüssige Hautschüppchen zu entfernen, denn oft liegen die Haare direkt unter der ersten Hautschicht. Bei hartnäckigen Borsten hilft eine desinfizierte Nadel, mit der man an besagter Stelle leicht einsticht. Zur Vorbeugung immer mit dem Strich rasieren – die Haare rund um oder zwischen den Schamlippen sind übrigens tabu, immer nur kürzen! Die Stoppeln schürfen die zarte Haut auf, Sie riskieren eine Entzündung. Oder Sie wenden sich gleich an einen Schamhaar-Friseur (s. S. 52).

Verpfuschte Haare

Die ganze Welt soll es wissen: Wir haben uns verändert! Als äußeres Zeichen einer inneren Wende stürmen Frauen mit Vorliebe den Friseursalon. Nach einer Trennung muss sofort ein neuer Schnitt her, am besten auch gleich eine neue Farbe, damit jedem auf den ersten Blick klar wird, dass wir unser altes Leben hinter uns gelassen haben. Hinter so einem Trotz-Ritual verbirgt sich nicht selten ein Kloß nicht geweinter Tränen, außerdem gehen Sie unkalkulierbare ästhetische Risiken ein – nämlich verpfuschte Haare:

- Wenn Ihr Selbstbewusstsein durch eine Trennung brachliegt, hat das direkten Einfluss auf Ihr Urteilsvermögen. Dies ist nicht der Moment, sich für einen neuen Look zu entscheiden.
- Sollten Sie den Friseur mit Ihrer gespielten Euphorie anstecken, ohne auf Ihren Typ oder den Zustand Ihrer Haare zu achten, dann enden Sie als Lachnummer.

Wenn Sie sich trotzdem nicht von einem Friseurbesuch abhalten lassen:

- Nehmen Sie sich zumindest Zeit für eine **Teststähne**. Einen guten Friseur erkennt man daran, dass er auf einer solchen Probe besteht: Nach einer halbstündigen Einwirkzeit können Sie sehen, ob Ihr Haar überhaupt die gleiche Farbe annimmt wie die Proben im Katalog. Für den Fall, dass Ihre Mähne schon vorbelastet ist – nach einer Dauerwelle, durch ständiges Toupieren oder zu heißes Föhnen –, könnte das gewünschte Flachsblond bei Ihnen nämlich ins Neongelb changieren.
- Für den Fall, dass Sie sich zum ersten Mal von Ihrer natürlichen Farbe verabschieden, muss ein **Allergietest** gemacht werden: ein Tupfer der Chemikalie in die Armbeuge und einmal drüber schlafen. Denn was nutzt Ihnen eine rote Haarpracht wie aus der Werbung, wenn Sie sich ständig kratzen müssen wie ein räudiger Hund? Ihr Friseur sollte Sie auch nach eventuellen Atmungsallergien fragen, denn der Dunst des Bleich- oder Färbemittels kann einen Asthmaanfall auslösen.
- Mit den oben genannten Vorsichtsmaßnahmen sichern sich übrigens auch die Hersteller der Drogerieprodukte ab – lesen Sie das Kleingedruckte! Für die **Do-it-Yourself-Färbung** im heimischen Badezimmer gilt also dasselbe. Nebenbei sei erwähnt, dass Sie im Selbstversuch nie den gleichen Effekt erreichen wie ein Friseur, denn dessen Produkte beinhalten im Vergleich zu den frei käuflichen mehr Farbpigmente und hochwertigere Pflegemittel, unab-

hängig von der Marke. In einer Drogeriepackung steckt eben eher Kokos- als Jojobaöl.

- Ist die Färbung daneben gegangen, dann wird mit der **Komplementärfarbe** übertönt, bis Sie sich wieder ohne Schaudern im Spiegel betrachten können. Für den Fall, dass die brünetten Strähnen einen ungewünschten Rotstich haben, bedeutet das eine Tönung mit einer Aschfarbe, die einen Grünstich enthält.

Die rechtliche Seite

Was auch immer bei einem Friseurbesuch herauskommt: Sollte das Ergebnis auch ungeachtet geschmäcklerischer Fragen katastrophal sein, dann hat in jedem Fall Ihr Friseur Schuld, denn er hat Sie entweder falsch beraten oder Ihre Haare falsch eingeschätzt. Was nicht heißt, dass Sie Anspruch darauf haben, sofort Ihr Geld zurückzubekommen. Ihr Friseur hat auf der einen Seite eine Nachbesserungspflicht, auf der anderen müssen Sie ihm auch die Chance dazu geben. Eine Terminvereinbarung gilt bereits als mündlicher Vertrag, und Sie können erst reklamieren, nachdem Sie gezahlt haben. Es gibt kaum einen Präzedenzfall, bei dem der Kunde gegen einen Friseur gewonnen hat, es sei denn, er hat Verbrennungen oder Verätzungen davongetragen.

Die großen Haarprodukte-Hersteller wie Wella oder L'Oreal bieten Ihren Kunden ein Sorgentelefon, das auch am Wochenende besetzt ist – die Telefonnummern finden Sie in oder auf der Verpackung.

Falls Ihre Haare außerhalb der Geschäftszeiten verarztet werden müssen, ein Tipp: Die Friseure an den Bahnhöfen und Flughäfen der Großstädte haben auch am Sonntag und oft bis spät abends geöffnet.

Halterlose Tops

Ein freier Rücken entzückt den Betrachter unter anderem durch die Vorstellung, dass der Busen auf der anderen Seite offenbar auch ohne BH die Stellung hält – halterlose Tops sind also nicht umsonst ein Blickfang. Vorausgesetzt der halterlose BH darunter bleibt unsichtbar, was oft nicht klappt. Die Lösung des Problems finden Sie im Bauhaus: Mit Doppeltape (das ist beidseitig klebendes Tape) – eins der wichtigsten Arbeitsmaterialien der Stylisten bei einer Modenschau – kann man einen Busen in Form bringen und gleichzeitig ein Oberteil fixieren: Ein bisschen Tape unter den Armen hält das Outfit fest und ein schräger Querstreifen unterm Busen in Richtung Arm pusht die Brüste genauso wie ein Wonderbra. Beim Ablösen des Baumarkt-BHs sollten Sie allerdings vorsichtig sein: am besten vorher mit warmem Wasser anfeuchten.

Müde Haut

Jedes Mal wenn Ihnen aus dem Spiegel ein graubeiger Teigfladen mit zwei Sehschlitzen entgegenblickt, können Sie zur nächsten Parfümerie pilgern, um sich erstens vom Anblick des Mitte zwanzig, auf perfekt-taufrisch geschminkten Servicepersonals noch weiter deprimieren zu lassen, und zweitens den Laden wenig später mit 50 Millilitern einer spektakulären, neuen und sensationell teuren Maske wieder zu verlassen, die Ihr Budget sprengt.

Dabei reicht ein Besuch beim Gemüsehändler um die Ecke, um Ihre müde Haut rosig schimmern zu lassen:

- **Quarkmasken** helfen bei grauer und trockener Haut:
  Mischen Sie das Fruchtfleisch einer Orange oder einen pürierten Pfirsich mit zwei Esslöffeln Quark und wahlweise etwas Weizenmehl (schleift Hautschüppchen ab) oder Olivenöl (als Fettlieferant) – je nachdem, ob Sie die Haut peelen oder eher aufpolstern wollen. 15 Minuten einwirken lassen.
  Eine Quarkmaske aus einer halben Avocado und einem Teelöffel Honig liefert zusätzlich Vitamine und schützt vor dem Austrocknen (Einwirkdauer: 20 Minuten).
  Eine Hand voll zerdrückter Johannisbeeren vermengt mit zwei bis drei Esslöffeln Quark ergibt eine Maske, die bei Juckreiz hilft und raue Haut glättet. Zehn Minuten auf dem Gesicht einwirken lassen.
- Eine Paste aus zehn zerquetschten blauen und weißen **Trauben** sowie Haferflocken wirkt durch die enthaltene Gerbsäure wie ein Peeling. Außerdem gilt Traubenkernöl als Radikalfänger (Einwirkdauer: zehn Minuten).
- Die sprichwörtliche **Gurkenmaske** ist mehr als eine Lachnummer in Doris Day-Komödien. Als dünne Scheiben auf Gesicht und Hals

verteilt, befreit sie die Haut von überschüssigem Fett und lässt die Poren schrumpfen. 20 Minuten wirken lassen.

- Im Kampf gegen Pickel oder kleine Entzündungen kann **Knoblauch** wegen seiner keimtötenden Wirkung kleine Wunder vollbringen. Einfach den Saft pur auftragen.

Kurzzeit-Entspannung

Kunstvoll verpackte **Badeöle** gehören zu den klassischen Verlegenheitsgeschenken, die mit Vorliebe dreimal weitervermacht werden. Andererseits ist ein Ölbad (neben Massagen und Sauna) die effektivste Kurzzeit-Entspannung (s. auch »Lampenfieber« S. 91 und »Wellness-Wochenende« S. 53) und ein prima Alibi, um eine Stunde das Bad zu besetzen, während der Rest der Familie und damit auch der Stress vor der Tür bleiben muss. Außerdem spült ein duftendes Vollbad **einen Hauch Luxus** in die kleinste Bude.

Pfefferteure Badezusätze sind dabei noch lange nicht die besten (Ausnahme: Weleda). Das Aroma Calm und Relaxing-Bath von Lâncome hat bei der Zeitschrift Öko-Test sogar mit einem »Ungenügend« abgeschnitten.

Je mehr Ingredenzien ein Produkt enthält, desto größer ist auch die Wahrscheinlichkeit, dass schädliche Zutaten dabei sind. Am besten **Sie machen es selbst**, denn dann wissen Sie genau, worin Sie schwimmen:

Dazu mischen Sie einige Tropfen eines ätherischen Öls Ihrer Wahl – je nach gewünschter Wirkung: Rose, Orange, Ylang Ylang oder Lavendel – mit Sahne, Milch, Honig oder einem Pflanzenöl, d. h. Oliven- oder Mandelöl. Milch liefert der Haut Eiweiß, Fett und Mineralien; Honig wirkt entzündungshemmend. Schon Cleopatra hat mit diesem Rezept an ihrer legendären Schönheit gebastelt – ihr Alter wurde um einen zweistelligen Betrag zu niedrig geschätzt! Das Eincremen hinterher entfällt, da die rückfettenden Substanzen in Sahne und Öl stecken.

Sie können auch zwei Becher Buttermilch im Badewasser verteilen – damit entfernen Sie überschüssiges Hautfett und die Haut wird zarter.

Achtung: Allergikerinnen sollten jeden Badezusatz zuerst an der Armbeuge ausprobieren, bevor sie in die Wanne steigen.

Laufmasche

Man kann mit Würde darin herumstolzieren – schließlich gibt es Designer, die für zerrissene Strumpfhosen viel Geld kassieren – oder man versucht, sie aufzuhalten: Eine beginnende Laufmasche lässt sich mit etwas Haarspray oder Nagellack stoppen. Sie können die Stelle auch mit einem Feuerzeug vorsichtig zu einem kleinen Loch ausbrennen (Strumpfhose vorher ausziehen und über die geballte Faust stülpen). So bleibt der Schaden begrenzt, da die angeschmorten Lochränder das Gewebe zusammenhalten. Davon ausgenommen sind Baumwollstrumpfhosen, denn die verbrennen!

Mundgeruch

Gegen Mundgeruch können Sie mit Salbeitee angurgeln. Oder ein wenig Petersilie mümmeln. Aus gutem Grund findet sich in besseren indischen Restaurants immer ein Schälchen Fenchel, Anis und Koriander auf dem Tisch: gründlich zwischen den Backenzähnen zermahlen.

Außerdem sollten Sie Zahnseide ausprobieren und Ihre Zahnbürste auch mal auf der Zunge zum Einsatz bringen (oder sich sogar einen Zungenkratzer zulegen). Sie glauben gar nicht, was sich zwischen den Geschmackspapillen so ansammelt – bei buddhistischen Mönchen gehört deshalb ein Zungenputzritual zur täglichen Mundhygiene.

Knoblauch- und Zwiebelausdünstungen lassen sich manchmal schon mit einem Glas Milch mildern.

In hartnäckigen Fällen: Ein Besuch beim Zahnarzt bringt Klarheit, ob unter einer uralten Füllung oder einer baufälligen Krone irgendetwas vor sich hin rottet. Wenn das nicht hilft: Lassen Sie den Arzt nach einer Halsentzündung fahnden oder abchecken, ob ein chronisch übersäuerter Magen dahinter steckt. Kommt das üble Odeur von dort, dann sollten Sie als erste Maßnahme mehrmals täglich einige Kümmelkörner kauen.

Falsches Outfit

Die spinnen die Amis: Wie kann man bei einer Einladung »overdressed«, also zu schick angezogen sein? Einfach Nase in die Luft und die viele Aufmerksamkeit genießen, als wäre man die Einzige auf der

Veranstaltung mit Stil! Denn viel schlimmer ist das Gegenteil: Sie sind diejenige in durchschnittlichen Businessklamotten, während alle anderen in Abendgarderobe an Ihnen vorbeischweben. Wenn Sie vermeiden wollen, dass man mit dem Finger auf Sie zeigt, weil Sie im falschen Outfit aufkreuzen (und Sie keine Zeit haben, um nach dem Job kurz nach Hause zu zischen): Wählen Sie für den betreffenden Tag einen dunklen Anzug oder ein dunkles Kostüm (egal ob Nylon oder Tweed) und packen Sie einen kleinen Beutel mit Accessoires (die Sie natürlich auch bei einem Kaufhausbesuch in der Mittagspause erstehen können), um Ihren Glamourfaktor zu erhöhen:

- ein kleiner Wasserfall aus ineinander verschlungenen Modeschmuckketten oder
- ein halbes bis ein Dutzend mit Strass oder Perlen besetzte Haarklemmen, die wild über die Frisur verteilt werden oder
- ein Pailettentop/Glitzerbluse/Corsage oder
- ein bestickter Schal,
- aber auch ein paar strassbesetzte oder knallrote Abendschuhe mit passender Handtasche

peppen jede Kleidung auf.

Pickelalarm

Panik! Am Vortag eines wichtigen Termins entdecken Sie einen im schnellen Wachstum befindlichen Pickel. Was tun? Hungern Sie den Schmarotzer einfach aus, indem Sie regelmäßig Ringelblumentinktur oder Teebaumöl drauftupfen. Alternativ hilft auch Zahnpasta – einfach über Nacht einwirken lassen.

Pickelalarm: Sie entdecken den Mitesser erst beim Aufrüschen vorm Spiegel, also zehn Minuten bevor es losgeht. Dann ist es meist zu spät für eine Therapie und erst recht fürs Ausdrücken – es sei denn Sie möchten mit einer feuerroten Delle oder einem großen Pflaster im Gesicht rumlaufen. Seien Sie mutig und verwandeln Sie den Schand- in einen Schönheitsfleck (es sei denn, er sitzt direkt zwischen den Augen), indem Sie ihn komplett mit schwarzem oder dunkelbraunem Kajal übermalen. Achtung: Checken Sie ab und zu auf der Toilette, ob zwischen der dunklen Farbe ein gelber Kopf hervorbricht!

Piercing

Dass Piercing längst den Weg aus der Sado-Maso-Ecke in die Groß-raumbüros der Banken und Versicherungen gefunden hat, sollte gerade trendbewussten Frauen ein Zeichen sein: Wer sich jetzt noch durchlöchern lässt, hinkt hoffungslos hinterher. Trotzdem steigt die Zahl der erstmalig Gepiercten immer noch an. 70 Prozent davon sind Frauen, Favorit ist ein durchstochener Bauchnabel. Von einem Ausdruck großer Individualität oder Originalität kann bei solchen Zahlen wohl keine Rede mehr sein. Wer sich trotzdem nicht abschrecken lässt, sollte Folgendes wissen: Einen Gewerbeschein gibt es schon für 20 Euro. Jeder Kartenlocher kann ohne irgendeine Qualifikation ein Studio eröffnen, so lange er sich an die regionalen Hygienevorschriften hält. Dabei ist ein Piercing sehr wohl ein kleiner Eingriff – mit dem Risiko von Allergien oder Entzündungen und Schlimmerem:

- Silber zum Beispiel darf nie direkt in das Stichloch eingesetzt werden, da es oxidieren kann – in einzelnen Fällen kam es sogar zu Blutvergiftungen.
- Wird mit einer Lochpistole gepierct, dann hapert es meist an der Sterilisation. Es kann zu Splitterungen kommen, wenn Knorpel durchschossen werden, und danach zu Infektionen, die am Nasenflügel zur halbseitigen Gesichtslähmung oder am Ohr zu einer Hirnhautentzündung führen können. Unter Umständen treten auch Probleme auf, wenn Akupunkturpunkte getroffen werden.
- An den Brustwarzen sind die Milchkanäle gefährdet: Narben können bei einer Schwangerschaft und Milcheinschuss Brustentzündungen verursachen.
- Bei einem Klitorispiercing riskiert man die Orgasmusfähigkeit! Auf keinen Fall sollte die Klitoris selbst durchstochen werden, sondern höchstens die Haube.

Soweit die größten Gefahren, die Liste ließe sich allerdings beliebig fortsetzen – besser Sie wenden sich schon vor dem ersten Loch an die: Organisation professioneller Piercer; Postfach 0403, 52005 Aachen; Tel.: 07 00-16 77 46 36, die sich unter anderem für eine einjährige Fachausbildung und eine Berufsanerkennung stark macht.

Oder Sie halten sich an folgende Regeln:

- Ein professionelles Piercing liegt bei 50 bis 80 Euro – Preise unter diesem Niveau deuten auf schlechte Qualität.
- Nach dem Eingriff eingesetzter Schmuck sollte aus 100-prozentigem Titan, 750er Gold oder als Übergang aus Kunststoff bestehen.
- Ein seriöses Studio sollte über einen Dampfdrucksterilisator und ein Ultraschallgerät zum Reinigen verfügen sowie über steril verpackte Einwegmaterialien wie Handschuhe etc.
- Der Piercer sollte sich unaufgefordert nach einer möglichen Schwangerschaft, Diabetes, Hepatitis usw. erkundigen und Sie auch ungefragt über Gefahren und Risiken aufklären. Außerdem sollte er von selbst Termine zur Nachkontrolle anbieten.
- Piercing gilt rein rechtlich als Körperverletzung. Das Studio müsste Ihnen also eine detaillierte Einverständniserklärung zur Unterschrift vorlegen.

Überhaupt: Wie wäre es mit einem »Ansteckpiercing« zur Probe, bevor Sie sich löchern lassen?

Schamhaar-Frisur

Unter einem weißen Leinenanzug oder anderen halb durchsichtigen Outfits kann auf einen Slip verzichtet werden, wenn Sie den Intimbereich aufdonnern – mit einer Schamhaar-Frisur! Die dunklen Locken können gefärbt, als rasiertes Blumen- oder Zeichenmuster oder mit eingeschweißtem Strass und Perlen aufgepeppt werden. Selbst für schamhafte Menschen wirkt das Ergebnis erstaunlich angezogen (auch geeignet für zweistellige Beziehungsjubiläen …). Eine Schamhaar-Frisur hält bis zu fünf Wochen und lässt sich bei rasierter Vorlage leicht selbst nachschneiden. Aber Vorsicht: Die nackten Stellen auf keinen Fall mit After-Shave behandeln – eine normale Fettcreme reicht aus.

Termine z. B. beim Kreuzberger Szenefriseur »Kaiserschnitt«, Tel.: 0 30-61 28 50 50.

Schweißgeruch

Sollte auf einem Empfang, in der Konferenz oder im Theater plötzlich das Deo versagen, dann bekämpfen Sie den Schweißgeruch alternativ, indem Sie auf der Damentoilette die Armhöhle mit einem feuchten Papierhandtuch austupfen und ausnahmsweise einige Gramm Ihres Gesichtspuders an Ihre Schweißdrüsen verschwenden – so haben sich schon die Adelskreise der Barockzeit gegen gerümpfte Nasen gewappnet. Fürs nächste Mal stecken Sie ein Parfümpröbchen in die Tasche – der Alkohol darin schützt Sie für ein paar Stunden.

Betrifft das Schweißproblem Ihren Kollegen/Flirt, ist – abgesehen vom Deo – psychologisches Feingefühl gefragt: **Wie sage ich ihm, dass er riecht?** Behutsam, ohne dass er sein Gesicht verliert. Ein erprobter rhetorischer Trick: Sie machen ein paar Bemerkungen über zu stark parfümierte Menschen, die sich selbst offenbar gar nicht wahrnehmen. Erklären dann, dass Sie jedoch das gleiche Problem haben und oft nicht wahrnehmen, wenn Sie einen übertriebenen oder unangenehmen Duft verbreiten. Am Schluss fragen Sie ihn verschämt, ob Sie irgendwie riechen. Da Sie nun das Eis gebrochen und gleichzeitig mit gutem Beispiel voran zur Selbstkritik angeregt haben, kommt mit Sicherheit irgendwann die Rückfrage: »Rieche ich denn?«, auf die Sie dann einfühlsam, aber ehrlich antworten können.

Wellness-Wochenende

Sie müssen nicht gleich an psychovegetativen Erschöpfungszuständen leiden, um sich etwas Gutes zu gönnen. Durchstandener Liebeskummer oder Stress im Job sind Alibi genug: Früher nannte man es schlicht Wochenendkur (zu einer Zeit, als das Joggen noch Laufen hieß), heute sind ein paar Duftkerzen und tibetische Gebetsgesänge im Hintergrund dazugekommen – seitdem spricht man vom Wellness-Wochenende.

Zugegeben, das Wort Kur erinnert an den Geruch desinfizierter Speisesäle. Tatsächlich sind es oft ehemalige Kurkliniken, die auf der Wellness-Welle surfen, weil seit der Gesundheitsreform die Patientenzahl schrumpft. Das ändert nichts daran, dass Ihnen dort unter Umständen das ein oder andere Raucherbein begegnet. Dafür stehen Ihnen im Gegensatz zu vielen Wellness-Hotels auch Fachärzte zur Verfügung. Im Gegenzug ist man in letzteren »unter sich« (gemeint ist gutbetuchtes weibliches Publikum, wer's mag).

In jedem Fall hilft eine Selbstverwöhnungs-Aktion, zum inneren Gleichgewicht zurückzufinden, ob Sie nun an müder Haut oder unter Beziehungsstress leiden. Und sofern Sie das Kleingeld locker haben (falls nicht: Geben Sie Ihrem Liebsten einen Tipp vorm nächsten Geburtstag, Hochzeitstag etc.), wählen Sie ein Haus mit Qualitätsprädikat:

Der Deutsche Wellness-Verband vergibt sein begehrtes Gütesiegel nur an Hotels, die sich an strenge Kriterien halten (die Preise sind entsprechend!): Zum Beispiel müssen die Nobelherbergen in einem landschaftlich reizvollen Gebiet liegen, sie müssen ökologisch wirtschaften, von den Köchen wird eine Zusatzausbildung im Bereich Vollwertkost abverlangt. Die Wellness-Trainer sind oft ausgebildete Krankengymnasten, die eine Weiterbildung durchlaufen haben müssen. Unter Tel.: 02 11-6 79 69 69 können Sie einen Katalog bestellen. Eine kostenlose Liste vieler Schönheitsfarmen und Wellness-Hotels in ganz Europa finden Sie unter www.beautyfarm.de/haaser.

Erholungsbedürftige Frauen, die jeden Pfennig umdrehen müssen, sollten bei Ihrer Krankenkasse vorbeischauen, bevor sie sich ein Wellness-Wochenende mühsam zusammensparen: Abnehm- oder Entspannungskurse, zum Beispiel Yoga, Tai Chi oder Qi Gong, laufen unter präventiver Medizin und werden zu 80 Prozent erstattet. Und falls Sie schon kleinere Beschwerden mit sich herumschleppen, die Ihnen der Arzt bescheinigt, bekommen Sie u. a. Massagen, Lymphdrainagen, Phytotherapie, Atemtherapie, Hydrotherapie, in einzelnen Fällen auch Schmerzakupunktur über Ihre Chipkarte.

Wenn Sie schon auf dem Zahnfleisch kriechen, reicht es vielleicht sogar für eine dreiwöchige Kur: eine ambulante Badekur, bei der Sie sich selbst um eine Unterkunft kümmern, die mit einem kleinen Betrag bezuschusst wird. Oder eine Rundumkur in einer großen Kurklinik (120 bis 180 Betten) – mit etwas Glück erwischen Sie eine hübsche Anlage (siehe Krankenkassen-Broschüren) mit römischen Saunaanlagen oder Mineralschwimmbecken und gut ausgestatteten Fitness-Räumen.

Ebenfalls fürs kleinere Portemonnaie lohnt sich ein **Tagesprogramm** als Alternative zum Wellness-Hotel: Ein Hamam (türkisches Bad) inklusive Trockendampfräumen, wo Ihnen eine Natir (Bademagd) mit einer Seifenmassage oder einem Ganzkörperpeeling Lebenskraft einhaucht.

Vergessene Zahnbürste

Nicht alle Hotels können mit einem Not-Kit (enthält meistens Kamm, Zahnbürste, Rasierer, Waschzeug) aushelfen, wenn der Kulturbeutel nicht mit auf die Reise gegangen ist. Und wenn Sie irgendwo in der Mongolei oder in Schwarzafrika gestrandet sind, gibt es sowieso keinen Ersatz für Ihre vergessene Zahnbürste. Folgendes kann Sie retten:

- **Grüner Tee** ist durch seine Polyphenole ein natürlicher Entzündungshemmer – es empfiehlt sich, mehrmals am Tag zu gurgeln.
- **Meerrettich** enthält Senföle, die helfen, Karies zu verhindern.
- **Möhren** animieren den Speichelfluss und damit die Selbstreinigung der Zähne.
- Alternativ zu Zahnbürste und -pasta können Sie auch **Finger und Salz** verwenden.

Die Franzosen haben angeblich gesündere Zähne, weil Sie mehr Käse essen. Das darin erhaltene **Kalzium** verbessert die Zahnstruktur. Gleichzeitig verschlechtert es allerdings den Mundgeruch (s. S. 49).

DURCHLITTEN UND ENTLARVT – von Liebesdingen bis zu Schwiegermüttern

Im Dschungel der eigenen Gefühle hat sich jeder schon einmal verirrt. Auf dem Weg ins Freie begegnen Sie den Untiefen der eigenen Psyche und lernen Tipps und Tricks im Kontakt mit Außerirdischen – dem anderen Geschlecht.

Bindungsunfähige Männer

Sie sind leidenschaftlich, charmant, romantisch. Wenn es darum geht, eine Frau zu beeindrucken, zu überraschen und zu verwöhnen, ist ihr Ideenreichtum grenzenlos – bis zu dem Tag, an dem die Auserwählte ihnen endgültig verfallen ist. In den Augen der Frau ist gerade die erste Etappe erreicht, er ist aber leider schon am Ziel, denn Sie haben es mit einem bindungsunfähigen Mann zu tun.

Plötzlich kehren sich die Verhältnisse um: Er zieht sich zurück, Sie laufen ihm nach – bis zu dem Punkt, an dem Sie bereit sind zu gehen. Dann fängt das Ganze von vorne an. Um dieses Spiel zu gewinnen, müssten Sie noch neurotischer sein als er. Wir halten es für ratsamer, wenn Sie bei diesen Warnzeichen sofort die Flucht ergreifen:

- Er lässt Verabredungen in letzter Minute platzen – immer in Verbindung mit wortreichen Entschuldigungen.
- Sie werden nie Freunden, Kollegen, geschweige denn den Eltern vorgestellt.
- Er zeigt keinerlei Interesse an Ihrem familiären Hintergrund.
- Sobald ein potenzieller Konkurrent auftaucht, dreht er richtig auf – bis dahin hat er Sie den ganzen Abend links liegen lassen. Meist ist er durch den Hahnenkampf ziemlich angetörnt und fällt zu Hause über Sie her (dabei benimmt er sich, als ob es das erste Mal wäre).
- Er springt selten darauf an, wenn Sie beim Liebesspiel die Initiative ergreifen.
- Zärtlichkeiten verteilt er vor allem in Verbindung mit Sex. Auf

Ihre Kuschelversuche reagiert er mit lächelnder Abwehr (bis hin zu offenkundigem Ekel).

- Öffentlichen Zuneigungsbekundungen versucht er auszuweichen. Wenn Sie beim Spaziergang durch die Stadt seine Hand nehmen, muss er sich z. B. plötzlich die Nase putzen oder den Kragen hochschlagen.

- Seine Komplimente sind eine Prise zu geschnörkelt und gehen ihm zu locker über die Lippen – als wären Sie für ein virtuelles Publikum erdacht.

- Er bekommt Telefonanrufe, mit denen er sich sofort in einen anderen Raum zurückzieht. Sie erfahren nie, wer dran war, und auf entsprechende Fragen reagiert er mit Schweigen oder aggressiv.

- Seine Auskünfte über frühere Beziehungen sind spärlich. Sobald Sie nachhaken, zeigt er sich genervt.

- Er muss sich ständig um angeblich psychisch angeschlagene Ex-Freundinnen oder sonstige weibliche Bekanntschaften kümmern. Dazu gehören eventuell auch nächtliche Anrufe (in Wirklichkeit lässt er auch dort die Leidenschaft weiterköcheln).

- Wenn Sie ihn wegen seiner Unverbindlichkeit zur Rede stellen, hat er pseudophilosophische oder küchenpsychologische Argumente parat: »Liebe braucht Freiheit« oder »Wenn wir die Erotik erhalten wollen, müssen wir uns ein Stück weit fremd bleiben« o. ä.

Deeskalation im Alltag

Wen interessiert schon die immer wieder neu diskutierte Frage, ob nun Erziehung, Sozialisation oder die Gene letztendlich schuld sind am kleinen großen Unterschied. Entscheidend ist: Er ist verantwortlich für die zahllosen, nervenaufreibenden Zerwürfnisse zwischen den Geschlechtern. Im Moment schlägt das Pendel des Zeitgeistes in Richtung Soziobiologie. Wir haben ein paar der neuen Erkenntnisse herausgepickt und erweitern sie um eine Auswahl an plausiblen Vorurteilen. Beides soll Ihnen helfen, sinnlosen Streit mit dem Liebsten zu vermeiden (s. auch »Sinnvoll streiten« S. 75) – Überschrift: Deeskalation im Alltag. Dabei gehen wir davon aus, dass Sie (genau wie wir) dankbar für jede Erklärung sind, die Sie z. B. davon abhält, Ihrem Partner an die Gurgel zu gehen, weil er lieber stundenlange Irrfahrten in Kauf nimmt, als einmal nach dem Weg zu fragen. Womit wir bei einem der sensibelsten Themen wären, das in einigen Fällen schon zum Scheidungsanwalt geführt hat.

Gemeinsames Autofahren ...

... lässt sich in einer Partnerschaft kaum umgehen. Für die Beziehung wäre es allerdings oft besser, wenn beide auf getrennten Wegen ans Ziel kommen, aber umwelttechnisch lässt sich so ein Verhalten leider nicht rechtfertigen: Sie sollten also wissen, dass Männer im Allgemeinen tatsächlich über ein besseres räumliches Vorstellungsvermögen verfügen als Frauen (evolutionstheoretisch gesehen: Bei der Jagd in freier Wildbahn mussten sie nach langen Verfolgungsstrecken jederzeit wieder nach Hause finden). Das bedeutet zweierlei: **Nach dem Weg zu fragen** ist für Männer gleichbedeutend mit einem Komplettversagen. Es geht ihnen sozusagen direkt an die Eier, es rüttelt an den Grundfesten ihres Selbstverständnisses. Wundern Sie sich also nicht, wenn er danach verbal um sich schlägt oder sich gedemütigt in sein Schneckenhaus zurückzieht (Gerüchte reichen bis zu zeitweiligen Potenzproblemen).

Die Unterschiede im Orientierungssinn zeigen sich auch beim **Kartenlesen**. Zugegeben: Auch die beiden Autorinnen gehören zu den Frauen, die eine Karte auf den Kopf drehen, wenn sie in südliche Richtung fahren (d. h. wenn sie wüssten, wo Süden ist). Frauen brauchen entsprechend ihrer perspektivischen Wahrnehmung dreidimensionale Karten. Leider ist diese Marktlücke bis heute nicht gefüllt worden. Tipp: Zumindest gibt es Karten, in denen eindeutige Orientierungspunkte wie Kirchen o. ä. überdimensional eingezeichnet sind; Hersteller: Bollmann. Die Alternative für betuchte Leserinnen: Ein Satellitensteuerungssystem, genannt GPS, das Sie mit einer sanften Computer-Frauenstimme ans Ziel geleitet. Mit herkömmlichen Karten sieht eine sinnvolle Aufgabenteilung so aus, dass die Frau am Steuer sitzt und der Mann sie anhand der Karte dirigiert.

Bei nächtlichen Fahrten verhält es sich umgekehrt: Zwar können Frauen in der Dunkelheit besser sehen (vor allem Details), Männer jedoch haben die bessere Fernsicht auf gerader Strecke: So können sie erkennen, auf welcher Fahrbahnseite ihnen ein Wagen entgegenkommt.

Für **längere Tagesfahrten auf der Autobahn** gilt indes: Eine Frau am Steuer könnte Ihr Leben retten! Noch immer verwechseln Männer die Schnellstraße mit der freien Wildbahn. Ihre Adrenalinausschüttung während eines Überholmanövers gleicht dem eines Raubtiers auf Beutefang, d. h. der Verstand ist faktisch lahmgelegt. Bester Beweis ist die Statistik: Männer provozieren insgesamt wesentlich mehr und sehr viel häufiger tödliche Unfälle als Frauen.

Bei ruhigen **Fahrten über Land**, wenn Sie nach bestimmten Sehenswürdigkeiten suchen, sollte wiederum die Frau auf dem Beifahrersitz Platz nehmen, denn sie verfügt über ein ausgezeichnetes peripheres Gesichtsfeld (bis zu 180 Grad!).

Auf den Alltag im Haushalt übertragen heißt das: Ein Mann, der vor einem geöffneten Schrank steht und behauptet, einen bestimmten Gegenstand nicht finden zu können, obwohl dieser direkt vor seiner Nase steht, sagt die Wahrheit. Sein eingeschränktes und auf Fernsicht spezialisiertes Gesichtsfeld macht ihn im Haushaltsalltag zu einem Sehbehinderten. (Was natürlich nicht bedeutet, dass Sie ihm solche Aufgaben abnehmen sollten!)

Die typisch männliche Antwort: »Nichts!« auf die typisch weibliche Frage: **»Was denkst Du gerade?«** entspricht in den meisten Fällen der Wahrheit! Ein Mann, der auf den Fernseher starrt, beschäftigt sich tatsächlich ausschließlich mit dem Geschehen auf dem Bildschirm – das heißt, er ist sozusagen taub. Gehirnscans haben gezeigt, dass sich Frauen kraft größerer Hirnvernetzungen gleichzeitig auf mehrere Tätigkeiten oder Themen konzentrieren können, bei Männern ist jeweils nur ein Bereich aktiviert (s. auch »Männliche Kommunikationsregeln« S. 84). Es ist deshalb völlig sinnlos, sich mit einem fernsehenden Mann unterhalten zu wollen – der Streit ist vorprogrammiert.

Außerdem wird ein männliches Hirn im Ruhezustand – zum Beispiel **nach dem Geschlechtsverkehr** – auf einen Bruchteil seines normalen Betriebs heruntergefahren (ähnlich dem Rauschen eines Fernsehbildschirms ohne Empfang). Wenn er zur Entspannung über etwas nachdenkt, dann vorzugsweise über praktisch-technische oder sportliche Probleme (ein weibliches Hirn im Ruhezustand ist hochaktiv!). Kein Wunder, dass Frauen mit postkoitalen Fragen wie »Und wie stellst du dir unsere Zukunft vor?« meistens brutale Verbalwatschen kassieren. Solche Gespräche gehören an einen Restauranttisch.

Unabhängig von irgendwelchen Hirntätigkeiten sei an dieser Stelle festgehalten: Vor allem eine **Konversation über sexuelle Probleme** direkt nach dem Sex ist völlig deplatziert: Sie erwischen Ihren Partner an der empfindlichsten Stelle und das in einem entspannt-wehrlosen und nackten Zustand. Diese Warnung gilt gleichermaßen für beide Geschlechter. Nur dass einen Mann nichts mehr belastet als eine unbefriedigte Frau – bei Kritik in dieser Richtung fühlt er sich ebenfalls als Komplettversager. Parallel bohrt in ihm die Angst vor potenteren Konkurrenten. Statt ihm vorzuhalten, was er nicht tut oder falsch macht, sollten Sie ihn möglichst anschaulich wissen lassen, was Sie scharf macht. Mit einer klaren Zielvorgabe machen sich die meisten Männer sofort begeistert ans Werk. Und: Jeder Einblick in Ihre heimlichen Fantasien steigert die gemeinsame Lust! Von der Hoffnung, dass Ihnen Ihre Wünsche von den Augen abgelesen werden, sollten Sie sich zugunsten eines erfüllteren Sex-Lebens verabschieden.

Noch aussichtsloser sind weibliche **Gesprächsversuche während des Sex**! Hier greift wieder das Problem des »Sich-nur-auf-eine-Sache-konzentrieren-können«. Ein Mann kann nicht gleichzeitig sein Sprach- und sein Sexualzentrum aktivieren – es sei denn, es handelt sich um »dirty-talking«.

Die Tatsache, dass Männer auch nach einem heftigen Streit mühelos einschlafen, ist u. a. die Ursache für eines der folgenreichsten Missverständnisse: die Meinung, sie seien gefühlskalt. Männer sind zwar Meister der Verdrängung, aber nicht unbedingt herzlos. Die Crux: Eine Frau kann jedes Problem emotionalisieren, **ein Mann vermag jedes Gefühl zu versachlichen**. Auch hier liegt es an den unterschiedlichen Funktionsweisen des Gehirns: Das Verarbeiten von Empfindungen ist bei Frauen auf alle Bereiche ausgedehnt. Männerhirne beschränken sich auf zwei kleine Areale, so dass ein Mann auch in aufgepeitschter Stimmung gnadenlos logisch argumentieren kann. Mit der gleichen Logik verschiebt er das Problem oft auf den nächsten Tag (was manchmal auch ratsam ist, s. »Sinnvoll streiten« S. 75). Das heißt nicht, dass er sich drückt – er braucht nur Zeit zum Nachdenken. Am besten, Sie lassen ihn in Ruhe. Achtung: Trotz steinernem Gesichtsausdruck ist ein Mann unter Umständen völlig hilflos oder zutiefst verletzt!

In sexueller Hinsicht können Männer ihre Gefühle nur sehr schwer auseinander halten. Sie neigen dazu, das Bedürfnis nach emotionaler Nähe mit sexuellem Verlangen zu verwechseln. Anders gesagt: Während Frauen die Männer begehren, die sie lieben, lieben Männer die Frauen, die sie begehren.

Diese vermeintliche Liebe erlischt oft schnell wieder. Sollten Sie also den Verdacht haben, dass sich Ihr Partner nach langen Beziehungsjahren plötzlich **in eine Andere verknallt** hat: Behalten Sie die Nerven! Im Grunde können Sie die Geschichte einfach sauber aussitzen, denn in über 90 Prozent der Fälle kehrt er reumütig zu Ihnen zurück (s. auch »Geliebte« S. 64 und »Fremdgeher« S. 27).

Nicht dass **Männer ständig an Sex denken** würden, sie werden nur pausenlos und oft durch die banalsten Dinge daran erinnert. Und damit meinen wir nicht die Werbeplakate für Palmers-Unterwäsche. Aus berufenem Munde haben wir erfahren (d. h. von Männern, die selbstkritisch und mutig genug sind, uns mit der bitteren Wahrheit zu konfrontieren): ob im Wartezimmer des Bezirksamtes, am Altpapiercontainer oder an der Supermarktkasse – Männer lassen permanent ihre Blicke umherschweifen, bleiben an potenziellen Sexpartnerinnen hängen und malen sich aus, wie es »mit der wohl wäre«. Manchmal auch über aberwitzige assoziative Umwege: »Telefon kaputt … muss noch in den

T-Punkt-Laden … dass die überhaupt noch Geld für Werbung haben … wo doch die Aktie am Boden ist … die Kleine mit den lila Haaren aus dem TV-Spot ist echt süß … ob die untenrum auch gefärbte …«

Und jetzt die gute Nachricht: Diese Fantasien haben überhaupt nichts zu bedeuten. Wenn Sie regelmäßig Streit haben, weil er öfter mal fremde Frauen anstarrt, machen Sie sich bewusst: Männer, die gaffen, sind wie Hunde, die bellen. Die schlüpfrigen Gedanken haben keine Erektion zur Folge und schon gar keine Aktion, d. h. angestarrte Frauen werden sehr selten angesprochen. Die Option wird lediglich im Kopf durchgespielt – so wie ein Fußballmatch oder die Funktionsweise eines neuen Werkzeugs. Sie können also ganz locker bleiben und z. B. seinem Blick folgen, um sich lustig zu machen (»Zieh mal lieber den Bauch ein, falls die zurückguckt.«).

Weitere Unterschiede zwischen Männlein und Weiblein finden Sie im Buch *Warum Männer nicht zuhören und Frauen schlecht einparken* (s. S. 124).

Eifersucht

Zunächst mal eine gute Nachricht für alle Frauen, die sich ihrer Gefühle schämen: Wer behauptet, dass seine Beziehung ihm niemals Anlass zur Eifersucht bietet, leidet an Selbstüberschätzung oder Gefühlsarmut. Eifersucht gilt nicht länger als Zeichen von Schwäche und Unreife, neue Studien rehabilitieren den Ruf des gelben Gefühls: Nach Erkenntnissen amerikanischer Evolutionsforscher hatte Eifersucht seit Beginn der Menschheitsgeschichte einen elementaren Sinn: Für das Überleben des Nachwuchses waren unsere Vorfahrinnen auf Männer angewiesen, die sich für mindestens vier Jahre auf eine Bindung einließen und die Familie mit Jagdbeute versorgten. Die Männer mussten umgekehrt sicherstellen, dass sie auch wirklich die leiblichen Väter ihrer Brut waren, damit ihre Gene die nächste Generation erreichten (Mamas Baby, Papas maybe!).

Folgerichtig stellte sich in einer Studie im Versuchslabor der Universität von Austin, Texas, heraus, dass sich **die Geschlechter in ihrer Eifersucht unterscheiden**: Männer reagieren vor allem auf körperliche Untreue (gemessen an Pulsfrequenz und Schweißabsonderung), während Frauen bei der Vorstellung ausrasten, dass der Partner sich ernsthaft in eine andere verliebt.

Wie auch immer die Motive aussehen – fest steht, dass Eifersucht auch für jede einzelne Beziehung überlebenswichtig sein kann. Eine Studie der Western Illinois University konnte nachweisen, dass Beziehungen, in denen sich die Partner zur Eifersucht bekannten, auf lange Sicht wesentlich stabiler waren. Sie schützt davor, den anderen als selbstverständlich zu betrachten. **Sie lässt das Paar immer mal wieder Bilanz ziehen**, indem sich beide dem Vergleich mit anderen aussetzen – diese Offenheit schafft wiederum Nähe.

Eifersucht zu provozieren ist für beide Geschlechter ein Weg, die Gefühle des anderen auf die Probe zu stellen. Wer bewusst vor den Augen des anderen flirtet, zielt mehr auf die Gefühle des Partners als auf das Interesse des Konkurrenten. Und nur wer es auch mal zulässt, ein wenig zu leiden, bringt genügend Durchhaltevermögen für eine langfristige Beziehung auf.

Die Betonung liegt auf »ein wenig« – und damit sind wir bei den **ungesunden Auswüchsen der Eifersucht:**

- Wenn Eifersucht zur Obsession wird und regelmäßigen Streit provoziert, wenn Mann oder Frau sich weder durch Treueschwüre, Absprachen (gemeinsam auf einer Party) oder Verhaltensänderung (er bricht den Kontakt zur Ex ab) von einem falschen Verdacht abbringen lassen – dann führt die Situation irgendwann zur self-fulfilling-prophecy: Der Partner gibt aus Erschöpfung auf und geht.

- Unter Umständen offenbart übertriebene Eifersucht vor allem die eigenen Sehnsüchte: So manche Betroffene projiziert ihren heimlichen Wunsch nach einem Abenteuer auf den anderen, um das eigene schlechte Gewissen zu beruhigen.

- Hintergrund für chronische Eifersucht sind meist ausgeprägte Minderwertigkeitgefühle und frühkindlich entstandene Verlustängste. Es lohnt sich, in der eigenen Psyche zu wühlen, bevor man den Partner quält.

Fragen Sie bei Ihrer Krankenkasse oder beim Deutschen psychologischen Suchdienst, Riegelpfad 4, 35392 Gießen, Tel.: 06 41-79 22 44 nach Paar-, Einzeltherapien oder Selbsthilfegruppen.

Unter www.beratung-therapie.de finden Sie die Erläuterungen eines Psychologen (Therapie nach C. G. Jung) zum Thema Eifersucht. Für fünf Euro können Broschüren zum Thema geordert werden.

www.verlustangst.de ist die Seite einer betroffenen Frau, die auch Chatforen und Sprechzeiten anbietet.

Geliebte

Betrachtet man die reine Statistik – also die Tatsache, dass weltweit alle drei Minuten eine Ehe geschieden wird –, dann müsste der Status der Geliebten nur ein vorübergehender sein und in eine neue Beziehung münden. Leider spricht die Realität eine desillusionierende Sprache: Nur eines von zehn heimlichen Verhältnissen entwickelt sich zugunsten der Zweitfrau. Deshalb sei vorab gleich mal gewarnt: Wer nach einer echten Partnerschaft mit langfristiger Perspektive sucht, läuft Gefahr, sich unglücklich zu machen. Der Umstand, dass es sehr viel weniger Männer gibt, die sich auf ein Dasein als Geliebter einer verheirateten Frau einlassen, sollte uns ebenfalls nachdenklich stimmen. Nach Meinung der Autorin von *Die Geliebte*, Maja Langsdorff, passt es nicht ins tradierte Rollenbild eines Mannes, über einen längeren Zeitraum die zweite Geige zu spielen. Anders gesagt: Er wartet nicht, er lässt auf sich warten. Außerdem gibt es ein paar Einsichten, für die Frauen in romantischer Verklärtheit nur schwer zugänglich sind:

- An ein paar Abenden im Monat den souveränen, sensiblen, humorvollen Mann zu spielen ist einfach. Sie haben keine Ahnung, was für ein Mensch Sie im normalen Alltag erwarten würde, denn …

- Die Tatsache, dass er eventuell über Jahre keine Anstalten macht, seine Frau oder Familie zu verlassen, lässt doch wohl eher auf einen entscheidungsschwachen und risikoscheuen Charakter schließen. Und hinter der Rücksicht auf die Familie könnte genauso gut Bequemlichkeit, Sturheit und purer Egoismus stecken.

- Auch das ist eine statistische Wahrheit: Selbst wenn ein Mann den Versuch wagt und zur Geliebten zieht, kehrt er ihr in den meisten Fällen schon nach ein paar Monaten wieder den Rücken. Das Leben mit einer meist berufstätigen Frau (die genauso wenig Zeit zum Putzen hat wie er), die Probleme mit den Kindern, dem alten Freundeskreis und der neue Alltag führen dazu, dass die meisten den Schwanz ziemlich schnell wieder einkneifen.

Soll heißen: Solange Sie es in vollen Zügen genießen, Ihr Leben weiterleben – und das heißt, auch für andere Männer offen sind – und keine Erwartungen an die Zukunft stellen, ist ein heimliches Verhältnis eine Alternative zum Single-Dasein. Wenn Sie allerdings beginnen, folgende **Symptome** zu entwickeln, ist Alarm angesagt:

- Sie gehen nicht mehr ohne Telefon in greifbarer Nähe unter die Dusche oder den Müll runterbringen – aus Angst, Sie könnten seinen Anruf verpassen.
- Sie sagen Verabredungen und Einladungen ab, um für ihn auf »Stand-by« zu sein.
- Sie zählen die Tage, bis er aus dem Urlaub mit seiner Familie zurück ist, und fragen sich ständig, ob er mit seiner Frau schläft.
- Zuerst warten Sie auf einen Anruf, dann auf eine Postkarte, auf ein Wiedersehen, auf bessere Zeiten und irgendwann, bis Sie schwarz werden. Zählen Sie die Stunden, Tage, Wochen spaßeshalber zusammen und überlegen Sie sich, wie viel Ihrer kostbaren Lebenszeit Sie auf diese Weise verschwenden wollen.
- Sie verlieren das Interesse an Dingen, die Ihnen sonst etwas bedeutet haben – Museen, Bücher, Reisen – und konzentrieren sich ausschließlich auf Dinge, die mit ihm zu tun haben: neue Klamotten, Dessous, was ziehe ich beim nächsten Treffen an, gehe ich vorher noch zur Kosmetikerin o. ä.
- Sie entwickeln plötzlich diffuse Ängste bis zu Neurosen oder eine Tendenz zu Suchtverhalten (Essstörungen und Alkoholmissbrauch).
- Sie leiden chronisch an psychosomatischen Beschwerden wie Magenschleimhautentzündungen, Gelenkschmerzen, Gallenleiden, Allergien oder Verspannungen etc.

Wenn Sie so weit die Nase voll haben, dass Sie sich kritisch mit der Beziehung auseinander setzen können, achten Sie auf folgende **Aussagen**

und deren Übersetzung. Im ersten Schritt wird es Ihnen helfen, die Seifenblase platzen zu lassen, um sich dann endgültig zu lösen:

- »Ich kann dir nichts garantieren.« = Du bist selbst schuld, wenn du dir Hoffnungen machst.
- »Ich habe Verpflichtungen gegenüber meiner Familie.« = Im Zweifel stehst du immer an zweiter Stelle.
- »Du musst mich verstehen.« = Stell bloß keine Forderungen.
- »Vergiss nie, dass ich dich liebe.« = Fang bloß nicht an, an der Beziehung zu zweifeln, wenn du allein bist.
- »Ich habe dir gegenüber ein schlechtes Gewissen.« = Nimm es mir ab, damit ich weiter gedankenlos genießen kann.

Schritte zur Selbsthilfe:

- Die Abhängigkeit vom Geliebten zu erkennen ist der erste Weg aus der falschen Illusion.
- Verabschieden Sie sich aus der passiven Haltung, stellen Sie ein Ultimatum, fordern Sie ein klärendes Gespräch.
- Zur Not informieren Sie die Ehefrau, um den Stein ins Rollen zu bringen (natürlich riskieren Sie damit einen endgültigen Bruch).
- Holen Sie sich therapeutische Unterstützung – zum Beispiel bei der Deutschen Gesellschaft für Sozialwissenschaften und Sexualforschung e.V. (DGSS), www.sexologie.org, Tel.: 0211-354591. Dort können Sie sich auch kostenlos telefonisch beraten lassen.
- Oder fragen Sie Mitstreiterinnen unter www.diegeliebte.de.

Liebeskummer

Liebeskummer lohnt sich immer. Vorausgesetzt, Sie nutzen die Zeit zur Selbstbesinnung und für einen Neuanfang.

Dafür müssen zunächst die ersten Tage oder Wochen nach dem Schock überwunden werden, d. h. der Zeitraum, in dem Sie allen Ernstes glauben, Sie können ohne den anderen nicht leben. In spätestens einem Jahr können Sie sich nicht mehr vorstellen, dass Sie jemals mit diesem Mann geschlafen haben – aber Klugscheißerei hilft Ihnen jetzt nicht weiter.

- Sofern sie nicht länger als ein Wochenende dauert, spricht nichts gegen eine **Rotweinkur**. Ein halber bis ein Liter eines guten Tropfens verstärkt melancholische und übertriebene Gefühle. Lassen Sie Ihrem Herzschmerz freien Lauf, kritzeln Sie Ihr Tagebuch mit Gedichten voll (über die Sie später lachen werden), belästigen Sie eine Freundin mit Ihrem Selbstmitleid (eine solide Freundschaft hält das aus). Bleiben Sie ruhig den ganzen Tag im Bademantel und lassen Sie die Körperhygiene schleifen:
Ziel dieser Übung ist es, dass Sie im Crash-Kurs die Talsohle des Kummers erreichen und die Gefühle »verbrennen«, denn danach geht es wieder aufwärts. Irgendwann ertragen Sie sich selbst nicht mehr, und dann meldet sich der Überlebenswille zurück.
- Nun ist es bald Zeit für einen **emotionalen Frühjahrsputz**: Räumen Sie alle Gegenstände, mit denen Sie ein schönes oder schmerzliches Gefühl in Bezug auf den Ex-Partner verbinden (Bilder, Souvenirs, Klamotten), in einen Karton und stellen Sie das Ding auf den Boden. Sie müssen die Sachen nicht gleich vernichten. Wenn Sie über die Beziehung hinweg sind, werden Sie sich über ein paar Erinnerungsstücke freuen, denn schließlich gehört auch diese Erfahrung zu Ihrer Lebensgeschichte. Sortieren Sie Ihren Freundeskreis und melden Sie sich – für die nächsten Monate – bei denen ab, die Ihrem Ex näher stehen. Je weniger Sie im Moment von ihm sehen und hören, desto besser. Wenn Sie es so begründen, hat jeder Verständnis. Deshalb sollten Sie auch Kneipen oder Cafés meiden, in denen Sie sich begegnen könnten. Erschließen Sie sich lieber neues Terrain – das birgt neue Erfahrungen und gibt Auftrieb.
- Noch überfällt Sie ab und zu das Gefühl einer leidenschaftlichen und tiefen Liebe zum Ex-Partner. Rufen Sie ihn nicht an, sondern lieber eine Freundin, die Sie volljammern können. Machen Sie sich klar, dass diese Empfindung vor allem Ihre eigenen Wünsche und Ihre Bedürftigkeit spiegelt und nicht an den Ex gebunden ist. Das heißt, Sie kennen jetzt Ihre **Sehnsüchte** und damit sind Sie Ihrer Erfüllung einen Schritt näher – aber mit einer anderen Person. Vielleicht machen Sie sogar die heilsame Entdeckung, dass sich manche dieser Sehnsüchte gar nicht auf eine Partnerschaft bezie-

hen, sondern auf spirituelle, soziale oder intellektuelle Bedürfnisse.

- Überlassen Sie sich ruhig eine Zeit lang Ihrer Wut und Ihren Rachegelüsten, die zu jedem Liebeskummer gehören. Malen Sie sich mit Ihrer Freundin aus, wie Sie Ihren Ex beim Finanzamt anschwärzen, seine Haustür mit Graffitis besprühen oder den Lack seines Autos zerkratzen – aber hüten Sie sich vor einer Umsetzung in die Tat. Das Einzige, was Ihnen **Vergeltungsmaßnahmen** bringen, ist kurzfristig ein bisschen selbstgerechte Schadenfreude, die aber in keinem Verhältnis zum Aufwand und Risiko steht.

  Als Ersatz trommeln Sie einen Mädelabend zusammen, kaufen ein paar kalorienreiche Leckereien und schwelgen gemeinsam in dem Film »Club der Teufelinnen«. Er bietet wunderbaren Stoff für sarkastische Lästereien über männliche Abgründe.

- Erlaubt sind nur Revanche-Aktionen, die Ihnen helfen, **Ihre Würde zurückzugewinnen**. Zum Beispiel: Viele Männer schlittern übergangslos in die nächste Beziehung, weil die Neue der Grund für die Trennung war oder indem sie auf diese Weise den Verlust überwinden. Viele verlassene Frauen quält das Gefühl, dass ihre gemeinsame Zeit mit dem Ex dadurch »entwertet« wird. Um sich in Erinnerung zu rufen, kleben Sie die schönsten und intimsten Fotos der Beziehung (gemeinsame Wochenenden, Ausflüge etc.) inklusive Post- und Eintrittskarten usw. in ein Album und versehen Sie jede Seite mit romantisch-liebevollen Kommentaren (»Weißt du noch, der freche Kellner ...« o. ä.), die nur sie beide entschlüsseln können. Sorgen Sie dafür, dass dieses Album (als Geschenk ohne Absender) ihn an seinem Geburtstag oder sonstigen Festtagen erreicht, d. h. an einem Tag, an dem seine Neue, am besten noch seine Familie oder Freunde, anwesend sind (also am besten per Kurier). Die Fragen und Bemerkungen, denen Ihr Ex danach ausgesetzt ist, sind Vergeltung genug. Ansonsten: Glücklichsein ist die beste Vergeltung!

- Um sich Distanz zu verschaffen und langsam die Heilung beginnen zu lassen, helfen **Rituale** – auch wenn Sie nicht an Magie glauben:

- Ihr Ex wird »kaltgestellt«, wenn Sie einige Fotos von ihm im Gefrierfach verstauen. Irgendwann werden Sie diese Bilder vergessen haben und damit verblasst auch die Bedeutung der abgebildeten Person.
- Ziehen Sie schriftlich eine Bilanz der Beziehung, indem Sie eine Liste schreiben mit allem, was Sie loslassen und was Sie bewahren wollen (ein Hobby, den Esstisch). Zerreißen Sie die Liste in Schnipsel und überlassen Sie diese den vier Elementen: Einige in den Wind streuen, andere vergraben Sie in der Erde, einen Teil ins Wasser und den Rest ins Feuer werfen.
- Entzünden Sie zu Hause einen Teller mit Weihrauch (dazu braucht man Kohletabletten, beides gibt es in Esoterik-Läden), um Ihren Ex »auszuräuchern«. Schwenken Sie damit jede Wand und jedes Möbelstück in Ihrer Wohnung ab. Erinnern Sie sich kurz, was Sie in den einzelnen Zimmern mit ihm erlebt haben und räumen Sie den Moment in eine Schublade Ihres Gedächtnisses.
- Um Ihr weibliches **Selbstwertgefühl** wieder aufzubauen und einen unverbindlichen Kontakt zum anderen Geschlecht zuzulassen, testen Sie Ihren Charme in verschiedenen Chatforen (Adressen s. »Flirtbörse« S. 27).

Achtung: Langanhaltender Liebeskummer, der sich in Versuchen niederschlägt, den Ex wieder zurückzugewinnen, und zwanghafte Züge annimmt, gilt als Stalking (s. S. 73) und ist therapiebedürftig!

Lügner

Wie die Nase eines Mannes, so auch sein Johannes. Im Fall von Bill Clinton trifft diese Vermutung in zweifacher Hinsicht zu: erstens – nach einem Gerücht soll der Ex-Präsident sehr gut ausgestattet sein; zweitens – eine physiologische Tatsache: Die Analyse der Videoaufnahmen aus dem Gerichtssaal beweisen, dass Billy Boy ein Lügner war, als er zur Lewinsky-Affäre befragt wurde: US-Forscher von der University of Pennsylvania entdeckten, dass die Präsidentennase bei jeder Unwahrheit leicht anschwoll und errötete!

Wenn ein Mann lügt, hat er schon halb verloren, denn Frauen sind wandelnde Seismographen, wenn es um haarfeine Veränderungen im Aussehen oder Auftreten ihres Gegenübers geht (seit Menschengedenken verzweifeln untreue Ehemänner an diesem Talent). Die meisten von uns können quer durch einen Raum feinste psychische Disharmonien wahrnehmen.

Wer sich nicht allein auf die (soziobiologisch bewiesene) weibliche Intuition verlassen will, der kann Belastungsmaterial sammeln:

- Die Blutzufuhr zum Kopf lässt sich nicht willkürlich steuern, deshalb achten Sie auf die Gesichtsfarbe und die Größe der Nase (s. S. 69).
- Die Handinnenflächen beginnen zu schwitzen.
- Die Augenbewegungen werden unkontrollierter und hektischer.
- Es kommt zu kleinen Verschleppungen im Sprachfluss. Das Gehirn des Lügners setzt sich über seinen Willen hinweg und sabotiert die Artikulationsfähigkeit, wie israelische Forscher herausgefunden haben.

Im Schnitt lässt ein Mensch alle acht Minuten die Wahrheit unter den Tisch fallen. Bei diesen Phrasen sollten Sie aufhorchen, denn sie gehören zu den geläufigsten Alltagslügen:

Privat:
- »Bei dir war ständig besetzt.«
- »Natürlich liebe ich dich.«
- »Ich lüge nie.«

Im Job:
- »Er ist in einer Sitzung.«
- »Wir haben ein Computerproblem.«
- »Ich stand im Stau.«

(Quelle: Psychologie heute, Juli 2002)

Schwiegermütter

Es steckt wie immer ein Körnchen Wahrheit dahinter, wenn böse Zungen behaupten, dass Schwiegermütter nicht in den Himmel kommen, weil Drachen nicht höher als 100 Meter fliegen. Oder dass Bigamie aus dem Strafrecht gestrichen werden sollte, weil zwei Schwiegermütter Strafe genug sind. Immerhin sind sie in sieben Prozent aller Fälle sogar der Scheidungsgrund (Psychotherapie Report 7.8.2002)! Böse Schwiegermütter durchschnüffeln die Post, Tagebücher oder Versicherungsverträge, horchen die Enkelkinder aus, schwärzen die Schwiegertochter bei ihrem Arbeitgeber an, zerschneiden Wäsche oder brechen Haustüren auf – all das sind dokumentierte Fälle aus der Praxis der bundesweit ersten Selbsthilfegruppe für Schwiegertöchter. Sollte das Problem bei Ihnen schon so weit eskaliert sein, dann brauchen Sie nicht nur die Unterstützung anderer Betroffener, sondern auch einen Familienberater.

Zur Selbsthilfe sollten Sie folgende Liste abarbeiten:

- **Setzen Sie klare Grenzen.** Zu viel Gutmütigkeit und Harmoniesucht kann Angriffe eifersüchtiger Schwiegermütter erst provozieren. Vielleicht sollten Sie den Kontakt eine Zeit lang abbrechen, um ein klares Zeichen zu setzen.
- **Setzen Sie Ihren Partner auf den Topf:** Im Zweifel gehört die Loyalität eines Mannes ganz klar seiner Frau und seiner Familie und nicht der Mutter. Falls es anders sein sollte, könnte ein prominentes psychisches Problem dahinterstecken, das mit »Ö« anfängt! Männer, die in ihrer Solidarität schwanken, signalisieren der Mutter, dass sie unter dem schlechten Einfluss ihrer Frau stehen, und ihrer Frau, dass sie vielleicht doch zu Mutti gehören.
- **Falls Abhängigkeiten bestehen** – finanzieller Art oder weil die Schwiegermutter die Kinder betreut –, sollten Sie möglichst nach Wegen suchen, diese aufzulösen. Auch wenn es nur für eine Übergangszeit ist, in der Sie die Kinder einer Freundin oder Tagesmutter übergeben: Sie signalisieren damit, dass Sie auch ohne sie klarkommen, wenn Sie nur wollen.

Falls Sie Ihre Schwiegermutter noch gar nicht kennen – nutzen Sie die Chance und gehen Sie präventiv vor:

- Bringen Sie zum Vorstellungstermin mindestens Blumen, noch besser aber ein kleines Geschenk mit, das z. B. gut in den Garten oder zu den Titeln im Bücherregal passt.

- Lassen Sie sich beim Essen einen Nachschlag geben, loben Sie den Geschmack (auch wenn Sie dafür lügen oder würgen müssen) und helfen Sie beim Abräumen (auch wenn es Ihnen eigentlich stinkt, dass die beiden Herren seelenruhig zuschauen) – falls sich dann ein kleiner Plausch in der Küche ergibt, ist das Eis gebrochen.

- Fragen Sie nach Anekdoten aus der Kindheit Ihres neuen Partners. Dabei haken Sie im Detail nach (»... und den Eierbecher hat er wirklich ohne fremde Hilfe gebastelt?«) und ziehen Sie Parallelen zur Gegenwart (»Dieses Faible für ausgefallenes Design hat er ja heute noch.«).

- Für den Fall, dass Sie trotzdem durchfallen: Unter www.ruth-gall.de finden Sie das Schwiegermütterforum der Gründerin der Selbsthilfegruppe. Oder auch telefonisch unter 08 21-66 25 64.

Buchtipps: Ruth Gall, *Problemfall Schwiegermutter – Zusammen mit dem Partner aus der Krise*, Goldmann-Verlag, 1999.

Petra Neumann-Prystaj, *Feindin, Freundin, Schwiegermutter*, Sachs Verlag, 1996.

Sinnleere

Wie wir aus den Geschichten über Alkohol- und Drogenexzesse sowie wechselnde Kurzzeitaffären prominenter Menschen wissen, schützt selbst Ruhm und Reichtum nicht vor **Depressionen**. Auch Menschen, die im Beruf alles erreicht haben – oder gerade weil sie an einem selbsternannten Ziel angekommen sind –, berichten darüber, wie sich nach dem Aufwachen eine angstmachende Sinnleere auf ihrem Kissen breit macht. Kein Wunder: Auch für Normalsterbliche ist es anstrengend und meistens aussichtslos, allen Lebenssinn aus sich selbst zu ziehen. Vorbeugend gilt außerdem: Auch wenn bis jetzt alles glatt gelaufen ist, ein Karriereknick, eine Trennung, ein Todesfall kann jede noch so bodenständige Frau aus der Bahn werfen. Entweder Sie suchen nach kurzfristiger Ablenkung (s. »Flirtbörse« S. 25), oder Sie beschäftigen sich mit einer spirituellen Lebensanschauung.

Ein paar Tipps für Anfänger:

- Natürlich haben die christlichen Glaubensgemeinschaften keinen Exklusivanspruch auf den Kontakt zu Gott, aber über die eigene Kultur fällt der Eintritt in spirituelle Fragen wahrscheinlich leichter: Fragen und Rätsel zum Thema Christentum und Religion beantwortet die Zeitschrift »chrismon«, Stichwort: Religion für Einsteiger, Postfach 203230, 20222 Hamburg oder per Mail unter: religion-fuer-einsteiger@chrismon.de.
- Als toleranteste Weltanschauung überhaupt gilt der Buddhismus. In vielen größeren Städten sind Neugierige bei den offenen Meditationen oder theoretischen Vorträgen der Zen- oder tibetischen Zentren sehr willkommen. Unter www.buddhismus.de oder www.buddhismus-deutschland.de finden Sie Informationen über sämtliche Richtungen im Buddhismus, die Adressen der jeweiligen Zentren sowie Praxistipps, Veranstaltungs- und Seminarhäuser.
- Idealerweise beginnt Ihre Sinnsuche mit einem gewissen Verdruss gegenüber dem eigenen Ego. Vielleicht sollten Sie in diesem Fall damit anfangen, etwas für andere zu tun – ganz unverbindlich im weltweit ersten Online-Fürbittenzentrum. Dort können Sie für Paare mit langjährigem Kinderwunsch oder Patienten vor einer Tumoroperation beten, je nachdem welches Schicksal Sie am meisten berührt: www.prayer.la/index.asp.
- Im *Internet-Guide Religion* von Markus Eisele, Gütersloher Verlagshaus, 2001, finden Sie über 800 kommentierte Internet-Adressen zu den Weltreligionen und zur Philosophie.

Stalking

»Was aus Liebe getan wird, geschieht immer jenseits von gut und böse«, meinte noch der alte Goethe. Zur Zeit der Romantik galt das Leiden an Liebeswahn noch als Merkmal eines tief gründigen und sensiblen Charakters. Heute würde das Liebeswerben mancher Romanhelden unter das Zivil- oder das Strafgesetz fallen und die Liebeswahnsinnigen un-

ter die Definition einer psychischen Erkrankung. Die Amerikaner waren mal wieder schneller und haben dem Phänomen einen Stempel aufgedrückt: Der Begriff »Stalking« stammt aus der Jägersprache und bezeichnet das pirschende Einkreisen einer Beute. Der Gejagte ist oft ein Ex-Partner oder aber irgendein Mensch aus der Umgebung des Liebeskranken, der von dessen Gefühlen nichts ahnt. In vielen Fällen zählen auch Prominente zu den Opfern: Eine Stalkerin ist in das Privathaus von Brad Pitt eingedrungen und wurde vom Schauspieler selbst in seinem Bett gefunden. Die Mehrheit der Stalker sind allerdings Männer,

- die ihre Ex-Beziehung nicht loslassen können und aus Eifersucht und verletztem Stolz der ehemaligen Partnerin nachstellen, manchmal sogar den neuen Freund bedrohen. Amerikanische Psychologen haben inzwischen herausgefunden, dass diese Männer nicht wirklich liebesfähig sind, sich in der Beziehung eher extrem distanziert benahmen und die Partnerin kontrollieren wollten.

- die kaum oder gar keinen Kontakt zu ihrem Opfer haben und sich in Gefühle hineinsteigern, ohne dass es zu irgendeiner Art von Beziehung kommt – bis hin zu der Fantasie, sie seien mit der Auserwählten zusammen. Diese Stalker haben kein Interesse an einer realen Beziehung. Sie jagen lieber einer Illusion nach und entscheiden sich für unerreichbare Opfer wie Prominente, Verheiratete, ihren Pfarrer oder Arzt.

Wenn Sie ahnen, dass sich hinter Ihrem Ex-Partner ein potenzieller Stalker verbirgt, halten Sie sich am besten schon bei der Trennung an folgende Regeln:

- Lassen Sie nicht mit sich verhandeln, vermeiden Sie jede Berührung und schauen Sie ihm beim Reden fest in die Augen, Wählen Sie eindeutige Formulierungen: Einen Satz wie »Ich möchte zurzeit keine Beziehung mit dir« ergänzt der Stalker stumm mit: »später vielleicht schon …«.

- Geben Sie ihm alle seine persönlichen Dinge zurück, die noch in Ihrer Wohnung herumfliegen (inklusive Geschenke, Fotos).

- Falls er weiter anruft, besorgen Sie sich eine neue Nummer. Hinterlassen Sie unter dem alten Anschluss einen Anrufbeantworter, den Sie von einem Mann besprechen lassen.
- Sammeln Sie Post, Mails oder die SMS, mit denen Sie später eine Belästigung nachweisen könnten – auf keinen Fall antworten.

Falls Sie schon länger belästigt werden und der Stalker Ihnen unbekannt ist:

- Sollte er unangemeldet vor Ihrer Tür stehen oder auf andere Weise Ihre Grenzen überschreiten, erstatten Sie sofort Anzeige bei der Polizei (auch gegen unbekannt). Folgende Verhaltensweisen des Stalkers können strafrechtlich geahndet werden: Hausfriedensbruch; unerwünschter Körperkontakt, also sexuelle Nötigung, Körperverletzung, verbale Nötigung und Bedrohung (Anrufe, Briefe ...).
- Sollten Sie abgewiesen werden, bestehen Sie in jedem Fall auf einem Protokoll. Ist Ihnen der Stalker bekannt, dann bitten Sie einen Beamten, sich zumindest kurz mit ihm zu unterhalten. Die tadelnden Worte eines Uniformierten können manchen abschrecken.
- Trifft keiner der Strafgesetz-Paragraphen eindeutig zu, kann das Gewaltschutzgesetz (seit 1.1.2002) angewendet werden: Das heißt, ein Zivilgericht spricht gegen den Stalker eine Schutzanordnung aus (Kontakt-, Näherungs- oder Belästigungsverbot).
- Informieren Sie Freunde, Nachbarn und Kollegen. Falls Ihr Ex in der Nähe Ihrer Wohnung oder Arbeitsstätte herumlungert, sollte man ihn ansprechen oder gegebenenfalls die Polizei holen.

Hilfe finden Sie beim Opfer-Notruf und Infotelefon des WEISSEN RINGS (Gemeinnütziger Verein zur Unterstützung von Kriminalitätsopfern), Tel.: 0 18 03-34 34 34 (auch TäterInnen bekommen hier Hilfe!) oder: www.weisser-ring.de.
Weitere nützliche Internetadressen: www.stalkingforum.de, www.frauennotruf.de.

Sinnvoll streiten

Zusammen alt zu werden ist für die Mehrheit aller Paare immer noch eine verlockende Zukunftsperspektive, trotz verheerender Scheidungsraten und vorherrschender Ich-AG-Kultur. Nur eines sollte Ihnen dabei Angst einjagen: nämlich die Aussicht, zu früh zusammen sehr alt zu werden. Pärchen, die dieses Schicksal ereilt hat, erkennen Sie am Partnerlook und daran, dass sie gemeinsam erlebte Geschichten immer gemeinsam erzählen, was die Sache nicht gerade spannender macht – sprich: Man langweilt sich in ihrer Gegenwart einen Wolf! Das einzige Gegengift ist eine (gemeinsame) Streitkultur. Denn Liebe braucht (zumindest zeitweise) Erotik. Erotik braucht eine gesunde Distanz. Ohne gelegentlichen Streit keine Distanz. Bedeutet unterm Strich: kein Streit = keine Liebe.

Das Problem: Sinnvoll streiten will gelernt sein, und da eine Streitkultur unter Pärchen eine zutiefst individuelle Sache ist, müssen Sie selbst herausfinden, ob die folgenden Tipps für Sie hilfreich sind – Sie können ja mal mit Ihrem Partner darüber diskutieren/streiten:

• **Kleine Streitereien**, die sich wie ein roter Faden durch Ihren Alltag ziehen, können Sie ruhig kultivieren – so lange es nicht um große und ernste Sujets geht wie Kinder: ja oder nein? Ob auf dem Klo Zeitungen rumfliegen müssen oder Nutella in den Kühlschrank gehört – das sind Sticheleien, die eigentlich Respekt vor den Eigenarten des anderen zeigen. Ihren Partner in diesen Punkten ernsthaft ändern zu wollen, wäre wie eine Schönheits-OP an seinem Charakter und ist außerdem reine Zeitverschwendung!

• Ein Mann, der sich immer wieder vor einer Auseinandersetzung drückt, ist unter Umständen ein größeres Problem für eine Frau als ein Choleriker. **Männer, die mauern und schweigen**, geben ihren Partnerinnen das Gefühl, dass ihre Bedürfnisse keine Bedeutung haben und dass sie hysterisch reagieren – genau das passiert dann auch. Eine Frau, die wiederholt auf Granit beißt, reagiert irgendwann mit Hysterie oder – noch schlimmer – mit Zynismus. Meistens enden diese Paare wie das prominente Beispiel in »Wer hat Angst vor Virginia Woolf?«: süchtig nach gegenseitiger Demütigung. Soweit muss es nicht kommen, wenn Sie Ihrem Partner ruhig erklären, was er mit seiner Taktik bei Ihnen auslöst. Sollte er weiter stur bleiben: Versuchen Sie es mit einem Warnschuss, indem Sie sich für ein Wochenende verabschieden, »um in Ruhe nachzudenken«. Die Verlustangst wird ihn meistens gesprächig machen. Oder Sie locken ihn aus der Reserve, indem Sie ihn vor anderen Menschen provozieren, womit wir beim nächsten Punkt wären:

- **Streiten in der Öffentlichkeit** ist für manche verzweifelte Frau der einzige Ausweg, den stummen Brüter an ihrer Seite zu einer Reaktion zu bewegen. Natürlich sollten Sie bedenken, dass Sie Ihre Umgebung/Freunde in eine peinliche Situation bringen, vor allem wenn sie miteinbezogen werden. Zweifellos sollten solche Szenen die gut begründete Ausnahme bleiben, wenn Sie nicht Ihre Beziehung und Ihren Freundeskreis aufs Spiel setzen wollen. Andererseits ist der Abend sowieso im Eimer und bevor Ihnen der unterdrückte Ärger den Appetit verdirbt, können Sie es auch zum Eklat kommen lassen. Schließlich haben streitende Pärchen einen hohen Unterhaltungswert (sonst gäbe es keine Soap-Operas) und dienen anderen Pärchen als Lehrbeispiel.

- Über **wichtige Entscheidungen** wie Jobwahl, Kinder oder Umzug sollten Sie nur streiten, wenn beide in der Verfassung sind, eine längere Diskussion durchzuhalten. Eine Auseinandersetzung kurz vorm Zubettgehen, nach einem Arbeitstag mit Überstunden und etlichen Gläsern Wein wird Sie einen weiteren unausgeschlafenen Tag mit schlechter Laune kosten und die Positionen (wegen des hinzu gekommenen Ärgers) noch verhärten. Verabreden Sie sich für den nächsten Tag.

- **Nicht ausgetragene Konflikte**, die unter der Oberfläche weiterglühen, können gefährliche Dimensionen annehmen. Je eher Sie das Thema auf den Tisch bringen, desto größer die Chance, dass Sie am Ende zu einem Kompromiss finden. Unterdrückter Groll führt dazu, dass beide Seiten weitere Minuspunkte gegen den anderen sammeln, bis sich der Ärger zu einem riesigen Haufen aus Vorwürfen aufgetürmt hat, der kaum mehr abgearbeitet werden kann. Außerdem liegt eine ständige Gereiztheit in der Luft, die sich laufend in kleinen Kurzschlüssen entlädt, so genannte:

- **Ersatzgefechte:** Das eigentliche Konfliktthema wird gemieden, weil es folgenschwere Entscheidungen nach sich zieht, alte Verletzungen hochholt oder tiefe Ängste berührt. Als Beispiel: Wenn Sie gemeinsam ausgehen, konzentriert sich Ihr Partner voll auf seine Freunde und scheint zu vergessen, dass Sie neben ihm stehen. Keine seiner Gesten weist darauf hin, dass Sie ein Paar sind, im Gegenteil. Statt ihn damit zu konfrontieren, warum er in der Öffentlichkeit so tut, als wäre er immer noch Single, beschweren Sie sich zu Hause über das Benehmen seiner Freunde, die »Frauen nur als Dekoration betrachten«. Es ist sehr unwahrscheinlich, dass Ihr Partner über diesen Umweg auf Ihr eigentliches Anliegen stößt – zumal er an einer empfindlichen Flanke angegriffen wird: seine Kumpels.

- Bleiben Sie stets bei dem aktuell zu verhandelnden Problem. Gerade Frauen neigen dazu, **uralte Geschichten** auszugraben, die mit sinnlosen Beschuldigungen enden, bei denen Sätze und Situationen zitiert werden, an die sich der andere garantiert nicht erinnern kann – d. h. Sie machen ihn hilflos und damit noch wütender.

- Während des Schlagabtausches (sofern Sie sich so weit im Griff haben) lohnt es sich, diszipliniert zu argumentieren. Bleiben Sie bei sich und verkneifen Sie sich so genannte **»Du-Botschaften«**, in denen Sie immer nur das Verhalten des Partners kritisieren. Wichtiger ist die Information, welche Gefühle dieses Benehmen bei Ihnen auslöst. Gefährlich sind auch Ausdrücke wie »immer (denkst du nur an dich)« oder »nie (hörst du mir zu)«, weil sie generalisieren und übertreiben – der andere wird in eine Sackgasse getrieben.

- Eine echte Versöhnung setzt voraus, dass Sie **zu Ende geschmollt** haben. Wenn der andere den Streit voreilig beenden will, weil er die Spannung oder Disharmonie nicht mehr aushält, dann ist das sein Problem. Lassen Sie sich nicht umarmen oder beschwichtigen, wenn Sie noch auf Krawall gebürstet sind – auch wenn darüber eine weitere Nacht vergeht.

- Überdenken Sie genau, wie weit sich Ihre **Toleranzgrenze** dehnen lässt. Frauen neigen dazu, selbst extreme Beleidigungen und Bloßstellungen, Alkoholausfälle oder gar Gewalt zu erdulden – vor allem, wenn sich der Partner immer wieder tränenreich entschuldigt. Die Wiederholungen zeigen aber nur, dass er keinerlei Einsicht in seine Fehler zeigt.

Wer ein besserer Streiter werden will, sollte sich zwecks Selbsterkenntnis mit den Basics der Kommunikation beschäftigen. Der Psychologe Prof. Friedemann Schulz von Thun hat ein Modell entwickelt (ein Klassiker!), wonach wir Botschaften nach einem bestimmten Muster entschlüsseln – je nachdem, ob wir sie mit dem Beziehungs-, Sach-, Selbstoffenbarungs- oder Appellohr hören: Friedemann Schulz von Thun, *Miteinander reden. Störungen und Klärungen*, Rowohlt Taschenbuch, 1981.

Tipp: Das Münchner Institut für Kommunikation hat ein Gesprächstraining für Paare entwickelt: EPL (Ein partnerschaftliches Lernprogramm). Infos bei AKF e. V., Arbeitskreis für katholische Familienbildung, Mainzer Str. 47, 53179 Bonn, Tel.: 02 28-37 18 77. Bundesweite Trainingsadressen finden Sie unter www.akf-Bonn.de.

ANGEHEUERT – von Grabscher über Mobber bis Karrieresprung

Wenn Frauen im Job die gleichen Probleme hätten wie Männer, dann säßen sie neben ihnen im Vorstand: Wie Sie auf dem Weg zu Ihrem Karriereziel den Verstand, Ihr Gefühl und die Ellenbogen einsetzen; wer Ihnen dabei hilft und mit welchen Fallstricken Sie rechnen müssen (ohne dass Ihr Privatleben zu sehr leidet), erfahren Sie auf den folgenden Seiten.

Arbeitssucht

Die ganze Firma kennt Sie als fleißiges Bienchen: Immer in Eile und stets ein Lächeln auf den Lippen hetzen Sie die Flure entlang, andere Mitarbeiter machen schon von weitem Platz und grüßen Sie mit einem bewundernden Nicken. Ihr Vorgesetzter schätzt Ihren Ehrgeiz, Ihre Einsatzbereitschaft und Flexibilität. Sie selbst sind energiegeladen, fühlen sich gebraucht, am Puls der Zeit. Soweit so gut. Wäre da nicht die Tatsache,

- dass Sie seit Jahren Single sind,
- in dem gleichen Zeitraum zweimal im Kino und einmal im Theater waren,
- genauso lange keine Gäste hatten, weil die Zeit zum Einkaufen fehlt,
- und Ihre einzigen Freunde keine sind, weil Sie höchstens ab und zu ein paar Kollegen auf einen Drink treffen, über deren Privatleben Sie nichts wissen, was Ihnen aber noch nie aufgefallen ist.

Andere mögen Sie als Karrierefrau sehen, in den Augen eines Psychologen sind Sie arbeitssüchtig. Inzwischen weiß man, dass Betroffene einem Unternehmen auch schaden können, weil sie kaum etwas delegieren und in ihrem Kontrollzwang immer weniger zwischen wichtig und unwichtig unterscheiden können. Trotzdem ist diese moderne Suchtform extrem schwer zu diagnostizieren, weil eine aufopfernde Arbeitshaltung in unserer Leistungsgesellschaft hohe Anerkennung genießt. Wer Stress im Job hat, darf Freunde, Familie, den Partner und die eigene körperliche und psychische Gesundheit vernachlässigen, ohne dass sich Außenstehende wundern. Ob Sie nun selbst betroffen sind oder zu den Frauen gehören, die mit einem Arbeitssüchtigen zusammenleben – für eine eindeutige Diagnose sollten Sie auf **folgende Symptome** achten:

- Emsiges, aber ineffizientes Wursteln.
- Die Unfähigkeit zu genießen – weder den Urlaub noch die Erfolge im Job.
- Zu Terminen oder privaten Verabredungen erscheint der Arbeitssüchtige immer auf den letzten Drücker, weil er so lange wie möglich am Schreibtisch sitzt.
- Die Arbeit dient als Flucht vor verbindlichen und stabilen Beziehungen.
- Ein Interesse an allen Dingen, die man sich mit viel Fleiß und Anstrengung erarbeiten kann, und gleichzeitige Unsicherheit, wenn Kreativität und Spontaneität gefragt sind.
- Der Betroffene traut seinen Mitarbeitern nichts zu, muss alles kontrollieren, rechnet im Zweifel lieber selbst nochmal nach o.ä.
- Durch die selbstauferlegte Doppelarbeit, den Kontrollzwang, den ständigen Termindruck etc. kommen Arbeitssüchtige in selbstproduzierten Stress und können sich im Wiederherrichten ihrer Fehler bewähren. Die ständige Adrenalinausschüttung verhilft zu einem latent-euphorischen Zustand.
- Das Lebensgefühl ist geprägt von grundsätzlicher Unsicherheit, die es zu bekämpfen gilt.

Erstes Therapieziel bei einem Arbeitssüchtigen ist die Krankheitseinsicht, d.h. die Erkenntnis, an einer Sucht zu leiden. Es gibt Spezialkliniken, wie z.B. die psychosomatische Klinik Bad Grönenbach, die »Kuren« anbieten (die Krankenkasse gibt Auskunft). Ein anderer Weg sind die »Anonymen Arbeitssüchtigen«, den Kontakt vermittelt AAS c/o KISS, Gaußstr. 21, 22765 Hamburg (schreiben Sie einen Brief mit der Bitte um Rückruf) oder übers Netz: www.arbeitssucht.de bzw. info@arbeitssucht.de.

Buchtipp: *Arbeitssucht* von Stefan Poppelreuter, Psychologie Verlags-Union, 1997.

Existenzgründung

Ist es nun ein Zeichen von Dekadenz, wenn man sich in Zeiten wie diesen die Freiheit nimmt, mit seinem Job unzufrieden zu sein? Damit Sie Ihr gemütliches Angestellten-Dasein nicht vergebens hinschmeißen, sollten Sie noch einmal Ihr Innerstes fragen, ob es vielleicht doch der Wunsch nach einer neuen Beziehung ist, der Sie das Abenteuer suchen lässt. Wichtig wäre auch, dass Sie die Vorstellung selbstverschuldeter Arbeitslosigkeit (ohne Anspruch auf Arbeitslosengeld) oder die Aussicht auf einen Schuldenberg, an dem Sie unter Umständen Jahre abbezahlen, nicht schon vorher in Panik versetzt. Ist das abgeklärt, dann können Sie Ihr Engagement im Job auf Sparflamme weiterlaufen lassen und neben Ihrer Arbeit an einer Geschäftsidee basteln bzw. einen Businessplan entwickeln, der Ihren Kundenberater bei der Bank aus dem Bürostuhl haut. Denn am Anfang jeder Existenzgründung steht eine großartige Idee – oder eine simple, auf die nur noch niemand gekommen ist. Vielleicht hilft es Ihnen zu wissen, dass Sie im Trend liegen, denn jeder dritte neue Betrieb hat eine Frau als Chefin. Auch wenn die weiblichen Neugründungen weniger Profit machen als Männerbetriebe, gehen sie dafür seltener und mit geringeren Verlusten pleite. Folgende Fragen sollten Sie sich allerdings ehrlich beantworten:

- Finden Sie bei Ihrem Partner volle Unterstützung (falls nicht, riskieren Sie die Beziehung) und ist für eine verlässliche Kinderbetreuung gesorgt, die auch eventuelle Überstunden abfängt?
- Haben Sie gern mit vielen fremden Menschen – Kunden, Mitarbeitern, Lieferanten und Bankberatern – zu tun und Spaß am harten Verhandeln?
- Können Sie sich vorstellen, für eine lange Gründungsphase weit unter Ihrem letzten Verdienst zu liegen – dafür aber mehr Arbeit zu investieren?

Bevor Sie einen Kredit aufnehmen: Erster Schritt sind Beratungen (wird vom Bundesministerium für Wirtschaft oder vom jeweiligen Land bezuschusst!) und Gründungsseminare. Um sicherzugehen, dass Sie nicht das dritte Fitnessstudio oder Bistro in einem kleinen Stadtviertel eröffnen, müssen Sie zunächst in eine **Marktanalyse** investieren.

Berufsverbände, Handels-, Industrie und Handwerkskammern, Wirtschaftsprüfer und größere Steuerberatungsbüros können einschätzen, ob Ihre Geschäftsidee bereits zu viel Konkurrenz hat, wo der ideale Standort liegt und ob Ihr Produkt auch noch in zehn Jahren gefragt ist.

Bei der **Finanzplanung** sollten Sie für sich selbst ein großzügiges Gehalt vorsehen, das auch eine ausreichende Altersversorgung absichert. Für eine eventuelle Pleite brauchen Sie außerdem Rücklagen, die die Arbeitslosenversicherung ersetzen. Eventuell können Sie beim Arbeitsamt ein Überbrückungsgeld in Anspruch nehmen. Die meisten Kreditinstitute erwarten, dass Sie ein Drittel des gesamten Finanzbedarfs selbst aufbringen. Vielleicht findet sich ja in Ihrer Verwandtschaft eine Patentante, die genug übrig hat, um in hoffnungsvolle Neuunternehmerinnen zu investieren? Aber nicht ohne einen offiziellen Kreditvertrag! Viele Frauen sind bei den Verhandlungen mit Banken zu zögerlich, während Männer eher klotzen als kleckern. Meistens gilt: je höher der Kredit, desto ernster werden Sie genommen.

Ob und wie Sie **öffentliche Fördermittel** locker machen können, welche Bank für Sie zuständig ist (Deutsche Ausgleichsbank oder Bürgschaftsbank etc.), welche Versicherungen Sie benötigen und welche Rechtsform (GbR, GmbH, OFG …) Sie wählen sollten – all diese Infos sprengen den Rahmen dieses kleinen Buches. Hilfe finden Sie:

- Auf der Website der Deutschen Ausgleichsbank (Risiken und Fördertöpfe): www.dta.de. Außerdem vergibt die Ausgleichsbank (in Zusammenarbeit mit der Deutschen Industrie- und Handelskammer) Patenschaften ehemaliger Unternehmer. Auskunft (zum Ortstarif) unter Tel.: 0 18 01-24 24 00.
- Beim Expertinnen-Beratungsnetz, z. B. Hamburg, Tel.: 0 40-29 10 26, aber auch in Berlin, Köln, München oder Dresden bzw. unter www.expertinnen-beratungsnetz.de.
- Speziell für den technisch-naturwissenschaftlichen Bereich bietet das Company Consulting Team einen Leitfaden für die Erstellung eines Businessplans. Eine kostenlose CD-Rom kann man bestellen unter Tel.: 0 30-8 87 06 40 08 oder im Web: www.bizzplan.net – eine solide Informationsgrundlage für potenzielle Existenzgründer, besonders in der Planungs- und Vorbereitungsphase.

- Unter www.career-moves.de finden Sie eine große Datenbank, die über alle öffentlichen Fördertöpfe berät (die Bedingungen unterscheiden sich je nach Bundesland!).
- Frauen, deren Unternehmen aus der Gründungsphase raus ist und schon läuft (aber erst dann!), hilft der Verband deutscher Unternehmerinnen e.V. mit Beratung und Tipps. Tel.: 040-40 19 80 20.

Männliche Kommunikationsregeln

Noch sind wir weit von einem Gleichstand entfernt, wenn es um die Verteilung von Positionen und Geld geht. Wenn also an einem beliebigen Konferenztisch dieser Welt irgendetwas diskutiert, verhandelt oder beschlossen wird, sieht sich eine Frau mit großer Wahrscheinlichkeit einer Mehrheit von Männern gegenüber – wenn sie überhaupt bei wichtigen Entscheidungen dabei ist, denn die werden eher in inoffiziellen Kreisen gefällt.

Bis sich ein fifty/fifty-Gleichgewicht eingependelt hat, bleibt Ihnen nichts anderes übrig, als sich auf männliche Kommunikationsregeln einzulassen, wenn Sie sich durchsetzen wollen. Dabei sollte Ihnen Folgendes bewusst sein: Frauen sind verbal agierende Wesen. Im Gegensatz zu Männern verfügen wir über spezielle Sprachzentren in beiden Hirnhälften, d. h. was Sprachfertigkeit und Wortgewalt betrifft, sind wir ihnen qua biologischer Ausstattung deutlich überlegen. Das hat Folgen für die gemeinsame Kommunikation, z. B. an einem Verhandlungstisch:

- Wir können lautstark eine Idee ausformulieren und gleichzeitig einer anderen Tätigkeit nachgehen – so funktioniert Brainstorming, wenn Frauen unter sich sind. Wir können mit mehreren Ideen gleichzeitig jonglieren und uns dabei gegenseitig inspirieren. **Männer müssen sich auf einen Gedanken konzentrieren** – meistens tun sie das schweigend. Sie sind verwirrt und überfordert, wenn sie jemandem beim Denken zuhören sollen. Eine »brainstormende« Frau macht deshalb auf sie einen zerstreuten, undisziplinierten und überlasteten Eindruck. Das heißt, im Gespräch mit Männern dürfen Sie nur einen Gedanken oder ein Konzept mitteilen und diesen bzw. dieses vorher im Kopf ausformulieren.

- Dabei sollten Sie weder schneller noch lauter reden als Ihre Kollegen – das erweckt den Anschein, dass das, was Sie zu sagen haben, nicht so relevant sei. Eine **ruhige Stimme** zieht mehr Aufmerksamkeit auf sich und wird seltener unterbrochen.
- Frauen unter sich wählen gerne eine indirekte und bescheidene Ausdrucksweise, die auf ein harmonisches Miteinander zielt. Wir verwenden abschwächende Begriffe und umständliche Einleitungsformeln, die dem anderen signalisieren sollen »von mir geht keine ernst zu nehmende Bedrohung aus«. Männer allerdings gehen selten verbale Umwege. Sie haben einen sehr **direkten Sprachstil** und fassen eine Äußerung wortwörtlich auf! Mit Formulierungen und Füllwörtern wie: »Ich bin mir nicht 100-prozentig sicher, aber ...«; »Ich bin zwar keine Expertin, aber ...« und »eigentlich«, »irgendwie«, »wirklich« etc. erreichen Sie im Gespräch mit Männern nur eines: dass man Sie nicht ernst nimmt.
- Der Trend zum Austausch privater Hintergründe (oder gar Intimitäten) ist ebenfalls ein Phänomen reiner Frauenrunden, die sich so eine verbindliche und harmonische Beziehungsgrundlage schaffen (wir sind gleichgestellt, weil wir die gleichen Probleme haben ...). **Im beruflichen Kontext stellen Sie sich mit allzu großer Redseligkeit selbst ein Bein**, denn solche Informationen können in Konkurrenzsituationen zum Bumerang werden, wenn es z. B. über Sie heißt: »Frau X ist durch ihren privaten Beziehungsstress im Moment wohl nicht sehr belastbar ...«. Männliche Kollegen spielen auch gern auf eine fehlende sexuelle Auslastung an (»die ist chronisch unterv...«), wenn sie eine Kollegin als hysterisch hinstellen wollen.
- Ein **Lob** sollten Sie mit einem souveränen Lächeln quittieren. Mit weiblicher Bescheidenheit, die sich gern in Sätzen wie »Da hatte ich doch einfach nur Glück ...« ausdrückt, signalisieren Sie, dass Ihre Leistung eigentlich keine war (Männer nehmen auch solche Äußerungen wortwörtlich).
- Dass Männer in den hitzigsten Diskussionen, emotionalsten Momenten oder gefährlichsten Szenen ein Pokerface bewahren, ist nach Meinung von Soziobiologen ein Erbe ihrer Vergangenheit als Beutejäger. Die **vorgespielte Souveränität** (bis hin zu scheinbarer

Langeweile) gibt ihnen die Sicherheit, die Situation zu kontrollieren. Was nicht heißt, dass sie dabei keine Gefühle durchleben (das haben Gehirn-Scans nachgewiesen). Frauen müssen nur einer dramatischen oder irgendwie gefühlsbetonten Erzählung lauschen (ohne selbst betroffen zu sein) und schon begleitet ihre Mimik jede Sequenz mit einem anderen Gesichtsausdruck. Was bei Frauen unter sich zu einer beliebigen Unterhaltung gehört, stößt bei Kollegen auf Stirnrunzeln und (inneres) Kopfschütteln. Wenn es geht, sollten Sie Ihr Gesicht lieber mit einem möglichst nichtssagenden Ausdruck schmücken!

- Ähnliches gilt für **Stimme, Tonlage und eventuelle Lautäußerungen**: Ausrufe der Überraschung oder beifallspendende »Ahs« und »Ohs« sind bei beruflichen Konversationen fehl am Platze. Männer zeigen ihre Aufmerksamkeit durch seltenes Nicken, kurze Grunz- oder Brummlaute oder ein tonloses »Hmm«. Als Feedback muss Ihnen das reichen. Stellen Sie sich einfach vor, es handele sich um einen Ausdruck von Begeisterung (was vielleicht den Tatsachen entspricht, vor allem wenn Ihre männlichen Zuhörer Sie nicht unterbrechen!). Außerdem: Frauen mit einer tiefen Tonlage (einfach das Kinn senken und in den Bauch atmen) ernten im Geschäftsleben automatisch mehr Vertrauen und Respekt als Mitstreiterinnen mit einer Piepsstimme.

- Frauen untereinander teilen ihre Probleme und Sorgen mit, ohne von der anderen Lösungen zu erwarten, sondern einfach zur psychischen Entlastung. Männer verstehen das als ein Eingeständnis von Überforderung und fühlen sich aufgefordert zu helfen. Bei Flurgesprächen mit Kollegen oder gar mit dem Vorgesetzten sollten Sie deshalb nicht über zu viel Arbeit oder schwierige Verhandlungen klagen (dafür müssen Freundinnen herhalten). Stattdessen **sprechen Sie nur über Ihre Leistungen und Erfolge!** Männer machen es genauso, auch wenn sie eigentlich nichts vorzuweisen haben – das nennt man »bluffen« und ist sehr hilfreich bei der Karriere ...

Weitere Karrieretipps für Frauen finden Sie unter www.women-in-web.de.

Kündigung

Selbst ein Studium, Praktika und langjährige Berufserfahrung schützen nicht vor einem Karriereknick. In den Karteien der Arbeitsämter tauchen plötzlich Akademiker mit einem (letzten) Jahresgehalt von 130 000 Euro auf. Aus den unter »Vorstellungsgespräch« (s. S. 96) genannten Gründen kann es heutzutage jeden erwischen. Abgesehen vom seelischen Ausnahmezustand nach einer Kündigung sollten Sie erstmal checken, ob der Rausschmiss überhaupt rechtsgültig ist. Sie würden sich wundern, wie oft Arbeitgeber grundlegende Formalitäten missachten, so dass eine Kündigung nichtig ist. Außerdem sind Sie durch die Beschäftigung mit Fakten vom ersten Schock abgelenkt – mehr zu den psychischen Folgen weiter unten.

Eigentlich eine Binse, aber immer noch kein Allgemeinwissen: Eine Kündigung muss schriftlich formuliert und unterschrieben sein, ein Fax reicht nicht. Der Gesetzgeber unterscheidet zwischen einer **außerordentlichen**, d. h. einer fristlosen, und einer **ordentlichen** Kündigung.

Die außerordentliche Kündigung:

Um Sie von heute auf morgen an die Luft zu setzen, muss Ihr Arbeitgeber schwere Vorwürfe erheben und beweisen, z. B. wenn Sie ihn um Spesen betrogen haben, seit Wochen die Arbeit verweigern oder beim Blaumachen erwischt worden sind. Aber selbst in diesen Fällen darf der Kündigungsgrund nicht länger als zwei Wochen zurückliegen, und bei minderschweren Vergehen müssten Sie vorher eine Abmahnung bekommen haben.

Die ordentliche Kündigung:

Schon nach sechs Monaten in einem Betrieb mit mindestens zehn Beschäftigten gilt auch für Sie der »allgemeine Kündigungsschutz«, d. h. der Anlass zur Kündigung muss unter eine der drei Bedingungen fallen:

- **Betriebsbedingte Gründe:** Die Aufträge gehen zurück, es gibt Zahlungsschwierigkeiten oder ganze Abteilungen werden stillgelegt. Aber selbst bei einer wirtschaftlichen Notlage muss das Unternehmen eine gewisse Sozialauswahl treffen, die es in einem eventuellen Prozess vor dem Arbeitsgericht auch begründen müsste: Je nachdem, wie lange Sie dem Unternehmen angehören, ob Sie eine Familie unterstützen müssen oder wie es um Ihre Chancen auf dem Arbeitsmarkt steht. Achtung: Sollten unverhältnismäßig viele Frauen entlassen worden sein, kann der Betriebsrat Widerspruch einlegen.

- **Personenbedingte Gründe:** Sie haben ein Drogenproblem oder leiden an einer (chronischen) Krankheit, die Sie für mindestens sechs Wochen im Jahr an drei aufeinander folgenden Jahren arbeitsunfähig gemacht hat.
- **Verhaltensbedingte Gründe:** Sie haben Mist gebaut, wurden deswegen schon vorher abgemahnt und auf eine drohende Kündigung hingewiesen, wenn Sie z. B. mit Ihrem Verhalten die Kunden vergraulen, ständig zu spät kommen oder weit hinter den Anforderungen Ihrer Aufgabe zurückbleiben.

Allgemein gilt, dass der Personalrat vorher informiert sein muss, sonst gehört der blaue Brief zunächst ins Altpapier.

Sollte die Kündigung Ihren Kampfgeist wecken, dann müssen Sie innerhalb von drei Wochen **Klage** einreichen. Der erste Weg sollte Sie allerdings zur Gewerkschaft oder zum Anwalt führen, um Ihre Aussichten realistisch einzuschätzen. Bei Erfolg haben Sie unter Umständen Anspruch auf Lohnfortzahlung.

Vorsicht: Um **Ansprüche** auf eine Abfindung, Restlohn oder Urlaubsgeld zu umgehen, versucht mancher Arbeitgeber, Sie mürbe zu machen, damit Sie von selbst kündigen. Die Druckmittel reichen von falschen Anschuldigungen (Betrug oder grobe Fahrlässigkeit beim Umgang mit Geschäftsgeldern) über systematisches Mobbing (s. S. 94) bis zu sexueller Belästigung (s. S. 95).

Wenn Sie dem Druck nachgeben und selbst kündigen, riskieren Sie darüber hinaus, dass Ihnen in den ersten drei Monaten das Arbeitslosengeld verweigert wird!

Das Gleiche gilt für einen **Aufhebungsvertrag** inklusive Abfindung, der gern als vergoldeter Handschlag angeboten wird. Sie verwirken

Ihre Ansprüche gegenüber dem Arbeitgeber, den Behörden und Ihr Recht auf eine Klage!

Egal, wie qualifiziert Sie sind, selbst wenn Ihre Firma wirklich nur wirtschaftliche Gründe hatte, Sie gehen zu lassen: Es ist völlig normal, wenn Sie enttäuscht sind und sich verletzt fühlen. Auch wenn niemand Sie persönlich meint, so sind Sie doch persönlich getroffen. Eine Kündigung muss auch **emotional** verarbeitet werden. Die Erholungszeit bis zum nächsten (erfolgreichen!) Vorstellungsgespräch durchläuft meistens folgende Phasen:

- Die Coole zu spielen ist zunächst eine legitime **Schutzreaktion Ihrer Psyche**. Viele fühlen sich im ersten Moment des Schocks tatsächlich wie betäubt und wirken beim Kündigungsgespräch fast unbeteiligt. Für Ihr Gegenüber macht es die Situation natürlich einfacher, und mancher Arbeitgeber könnte versuchen, die Ruhe nach dem Schock zu nutzen, um Ihnen schnell einen Aufhebungsvertrag oder irgendwelche Verzichtserklärungen unter die Nase zu halten – auf keinen Fall sollten Sie in diesem Moment irgendetwas unterschreiben!

- **Nehmen Sie sich die Zeit zu trauern.** Auch wenn es pathetisch klingt: Viele nehmen sich eine Kündigung sehr viel mehr zu Herzen, als sie sich selbst eingestehen – vor allem, wenn sie sich sehr über ihren Job definieren. Umso eher werden sie dazu neigen, einen Rausschmiss als persönliches Versagen einzustufen. Es ist wie nach einer Trennung: Kurz danach wirken Sie auf potenzielle neue Partner nicht besonders attraktiv. Statt sich ins nächstbeste Abenteuer zu stürzen, um vom Schmerz abzulenken, sollten Sie sich eine Auszeit nehmen:
  Mit hektischer Betriebsamkeit und **voreiligen Bewerbungen** holen Sie sich im Moment nur weitere Dämpfer. Erzählen Sie nahen Freunden von der Kündigung und lassen Sie den Tränen und Existenzängsten freien Lauf. Ihre Eltern sollten Sie vielleicht erstmal »schonen«. In der älteren Generation blieb man oft ein Leben lang bei einer Firma, d. h. ein Rausschmiss galt als Katastrophe, und Sie können im Moment niemanden gebrauchen, der Ihre Panik noch

verstärkt. Nutzen Sie die restliche Zeit in Ihrer Noch-Stelle, um in Ruhe nach interessanten Stellen zu fahnden. Gibt es vielleicht Leidensgenossen, mit denen Sie sich austauschen oder für eventuelle Ansprüche an den Arbeitgeber zusammenrotten können? Holen Sie sich positives Feedback von wohlgesonnenen Kollegen/Vorgesetzten und bitten Sie sie, sich bei Bekannten in anderen Firmen umzuhören – vielleicht wird eine Empfehlung daraus!

- Die nächste Hürde ist die **erste Zeit zu Hause**: Eine Woche können Sie gefahrlos mit Ausschlafen, Abhängen oder dem Kopf unter der Decke verplempern. Danach sollten Sie wieder anfangen, sich den Wecker zu stellen, und eine festgelegte Stundenzahl mit Recherche und Bewerbungsschreiben verbringen. Oder Sie überbrücken die Zeit bis zur nächsten Festanstellung mit Jobs bei Zeitarbeitsfirmen; manchmal ergeben sich aus den Kontakten richtige Angebote und Sie schützen sich auf diese Weise davor, in ein Loch zu fallen. Falls Sie bei Anrufen in Personalabteilungen (Initiativbewerbungen) die Aussage erhalten, es werde niemand gebraucht: Fragen Sie, ob Sie Ihre Unterlagen trotzdem schicken können, um ein Feedback zu bekommen. Falls sich irgendwann etwas ergibt, wird man sich vielleicht an Sie erinnern!

- Eine **Mordswut auf den Arbeitgeber** gehört zum normalen Gefühlsrepertoire nach einer Kündigung, aber lassen Sie auf keinen Fall Rachetaten oder peinliche Szenen folgen. Falls Ihnen tatsächlich unrecht getan wurde, ist der Weg zum Arbeitsgericht die beste Vergeltung. Ansonsten verspielen Sie eventuell einen Zuschlag zur Abfindung, außerdem spricht sich ein schlechter Abgang innerhalb einer Branche schnell herum ...

Tipps für die Jobsuche: im Internet unter www.jobpilot.de. Originelle Ratschläge für Bewerbungen (abseits der 0815-Profile) finden Sie bei www.java-nova.com. Der Klassiker unter den Jobexperten (konservativ und männlich geprägt): Hesse und Schrader – inzwischen gibt es Büros in Berlin, Hamburg, Frankfurt, Stuttgart und München. Die Seminare haben einen einwandfreien Ruf, kosten aber auch 180 Euro pro Tag. Infos unter www.berufsstrategie.de.

Lampenfieber

Irgendwann vor Millionen von Jahren erfand die Evolution den so genannten Todstellreflex, um Raubtiere auszutricksen, die uns auf den Fersen waren. Heute kommt uns dieser Instinkt in anderen bedrohlichen Situationen zuhilfe – vor allem dann, wenn wir ihn gerade gar nicht brauchen, nämlich als Lampenfieber. Im schlimmsten Fall beginnt der Betroffene zu hyperventilieren und bringt kein Wort mehr heraus.

Es ist keine Schande und hilft Ihnen zu entspannen, wenn Sie Ihr Gegenüber im Vorstellungsgespräch/beim Vortrag/in der Prüfung einfach wissen lassen, dass Sie stark unter Lampenfieber leiden. Sollte es trotzdem so weit kommen, dann bitten Sie um eine kurze **Pause**:

- Allein auf der Toilette sollten Sie zunächst ganz tief in den Bauch atmen. Dabei benutzen Sie **Autosuggestivsätze** wie: »Meine Atmung ist ruhig und entspannt, der Atem kommt und geht.«
- Beobachten Sie Ihre **Bauchdecke**, wie sie sich bei jedem Atemzug wölbt und lassen Sie keinen anderen Gedanken zu. Und jetzt probieren Sie etwas, was Ihnen vielleicht idiotisch vorkommt: Sie stellen sich das stresserzeugende Ereignis vor, dabei sitzen Sie entspannt und bewegen nur die **Augen** (nicht den Kopf!) – und zwar 20-mal von rechts nach links. (Die Technik stammt aus der Verhaltenstherapie. Niemand weiß warum, aber sie funktioniert.)
- Als Vorbereitung auf eine Stresssituation können Sie ein **Erfolgserlebnis** aus der Vergangenheit visualisieren oder eine Situation (Urlaub, Liebe), in der Sie besonders glücklich waren.

Außerdem: Strapazieren Sie Ihre Scheckkarte für neue Schuhe, einen neuen Haarschnitt, ein neues Oberteil – kurzfristig hebt ein **Spontankauf** das Selbstbewusstsein.

Am Abend vorher hilft ein **Vollbad** mit Melissen- und Lavendelöl – das wirkt entkrampfend und schlafanstoßend (s. auch »Kurzzeit-Entspannung« S. 48).

Sollte sich Ihr Lampenfieber auf Ihr gesamtes Leben ausweiten und Ihnen auch in anderen Situationen (Konferenz etc.) ein Bein stellen, dann sollten Sie es mit einer **Hypnosetherapie** versuchen. Hypnose nutzt die Ressourcen des Unbewussten und erzielt erstaunliche Erfolge, besonders bei der Überwindung von Prüfungs-, Präsentations- und Leistungsängsten. Adresse: Milton Erickson Institut, Leiter: Ortwin Meiß, Eppendorfer Landstr. 56, 20249 Hamburg, Tel.: 0 40-4 80 37 30, Sprechstunde Montag und Donnerstag, 10 bis 12 Uhr, oder im Internet: www.Milton-Erickson-Institut-Hamburg.de. Dort finden Sie auch Verweise zu anderen Hypnoseinstituten, die gezielt Therapeuten in Wohnortnähe vermitteln.

Mittagsschläfchen

Wer mit Schläfrigkeit am Tag (vielleicht auf Grund von Schlafstörungen in der Nacht, die Sie gar nicht bemerken, s. S. 20) zu kämpfen hat, sollte ihr nachgeben! Bei uns verstößt ein Mittagsschläfchen zwar gegen das Arbeitsethos, in den USA und Japan wird das belebende Nickerchen nach der Essenspause aber bereits salonfähig. Eine kalifornische Unternehmensberatung hat für seine Mitarbeiter Schlafräume eingerichtet, ein Architektenbüro in Kansas schickt seine Leute in Schlafzelte. Schließlich haben die Amerikaner bei einer Studie mit NASA-Piloten herausgefunden, dass ein 30-minütiger **»Power-Nap«** die Reaktionsschnelligkeit um 16 Prozent steigert und gleichzeitig Ausfälle (und damit Unfälle) wegen fehlender Konzentration um 34 Prozent verringert.

Und der Trend hat Deutschland erreicht – erstaunlicherweise zuerst die Provinz und ausgerechnet das Beamtentum. Von diesem wird zwar behauptet, dass seine Vertreter sowieso den ganzen Tag schnarchen, aber in diesem Fall hat es die Produktivität nachweislich gesteigert (gemessen an Personal- und Verwaltungskosten): In der städtischen Verwaltung des niedersächsischen Vechta hat der Chef den Power-Nap für seine 183 Beamten eingeführt. Im chronologischen Leistungstief zwischen 13–15 Uhr dürfen die Beamten ihre Isomatten ausrollen – für eine zusätzliche Entspannungsphase von 20 Minuten, die auf die Arbeitszeit angerechnet wird. Lauter gute Beispiele, mit denen Sie vielleicht Ihren **eigenen Chef überzeugen** können (vorausgesetzt Sie arbeiten nicht in einem New-Economy-Unternehmen, das sowieso kurz vor der Pleite steht). Oder Sie schließen einfach die Bürotür ab und rollen die Isomatte aus – Wecker stellen nicht vergessen!

Statt des Weckers können Sie auch einen buddhistischen Trick anwenden, damit Sie die erholsame Nickerchen-Zeit von 20 bis 30 Minuten nicht überschreiten (danach kommen Sie nur schwer wieder hoch): Nehmen Sie Ihren Schlüsselbund locker in die Hand und sorgen Sie dafür, dass ein wenig Platz zum Fallen bleibt. Bevor das Sandmännchen Sie ganz eingelullt hat und in dem Moment, in dem die Muskelkraft erschlafft, wachen Sie vom Klimpern wieder auf!

Sollten Sie keine Chance sehen, sich für einen kurzen Erholungsschlaf zu verkrümeln oder unbemerkt, den Kopf in die Hände gestützt, vor dem Computerbildschirm einzunicken, dann müssen Sie die **Müdigkeit bekämpfen**, z. B. mit Hilfe von:

- **Grünem Tee**, der besser, gesünder und nachhaltiger wirkt als Kaffee (Japan hat die produktivsten Arbeitskräfte weltweit).
- **Eiskaltem Wasser**, das Sie am besten innen und außen über die Handgelenke rinnen lassen.
- **Schmerz**: Sie sitzen in einem Meeting und sind kurz davor, sich bis auf die Knochen zu blamieren, weil Ihr Kopf immer wieder ruckartig nach vorne fällt? Drücken Sie an beiden kleinen Fingern und an den Nagelfalzen (seitlich vom Nagel) der Mittelfinger, bis es richtig wehtut. Das aktiviert die dort sitzenden Akupunkturpunkte.
- **Feueratmung**: Eine Yoga-Übung, die ad hoc munter macht. Die Füße stehen in Hüftbreite auseinander, den Oberkörper stützen Sie mit den Händen auf Ihren Knien. Atmen Sie einmal schnell ein und wieder aus, danach sofort den Atem halten. Ohne Luft zu holen ziehen Sie in dieser Stellung den Bauch ruckartig ein, schieben ihn wieder raus, bis die Puste knapp wird. Erst mit dem nächsten Mal Bauch einziehen dürfen Sie wieder Atem schöpfen. Damit bringen Sie Ihren Kreislauf auf Aerobic-Niveau und der Bauch wird spürbar warm, denn als Nebeneffekt wird die Verdauung angekurbelt.

Bei ständiger Übermüdung müssen Sie vielleicht tiefer forschen (s. »Schläfrigkeit« S. 19).

Mobbing

Zunächst zur Entlastung ein paar Fakten: Sie sind nicht allein (zurzeit sind es 800 000 Betroffene), es liegt nicht an Ihnen, und moderne Arbeitgeber sind dem Problem gegenüber mittlerweile offen, weil sie erkannt haben, dass Mobbing die Qualität der Arbeit und die Produktivität ihrer Mitarbeiter schmälert. Für Frauen ist das Risiko, gemobbt zu werden, um 75 Prozent höher als für Männer – so das Ergebnis des ersten Reports der Bundesregierung zum Thema Mobbing. Offenbar sind Frauen empfänglicher für Spannungen am Arbeitsplatz, so vermuten die Wissenschaftler, und den mobbenden Kollegen und Kolleginnen(!) ist diese »Schwäche« durchaus bewusst. Dementsprechend werden Frauen eher **ausgegrenzt, gehänselt oder beleidigt** (s. »Sexuelle Belästigung« S. 95). Die Arbeit wird grundlos kritisiert oder man entzieht Ihnen Verantwortung. Mobber streuen auch gern **Gerüchte** über psychische Probleme des Betroffenen oder Alkoholsucht. Traurige Tatsache ist: Leider ertragen Frauen die Mobbingsituation doppelt so häufig wie Männer, und ebenfalls doppelt so viele wechseln den Arbeitsplatz, um den Schikanen zu entkommen. Bevor Sie also kündigen oder **psychosomatisch krank** werden: Wenden Sie sich an den Vorgesetzten oder an den Betriebsrat. Dort ist man verpflichtet, Ihrer Beschwerde nachzugehen. Außerdem brauchen Sie nach einem aktuellen Urteil keine Kollegen als Zeugen, Ihre Aussage reicht als Beweismittel.

Ein 10-Seiten-Dossier zum Thema hat das Bundesarbeitsministerium zusammengestellt: Als Faxabruf unter 0 18 05-15 15 12 (0.12 Euro/Min.).

Oder holen Sie sich Rat beim kostenlosen Bürgertelefon unter 08 00-1 51 51 57 oder im Netz unter www.mobbing-help.de bzw. www.mobbing-web.de oder beim Bündnis gegen MOBBING; sexuelle Belästigung und Diskriminierung e. V.; Ansprechpartner ist Prof. Dr. Albrecht Schott, Harnackstr. 18, 14 195 Berlin, Tel.: 0 30-8 32 45 45 oder albrecht_schott@arcor.de.

Für gemobbte Chefs, Freiberufler und Selbstständige hat die Frankfurter Fairness Stiftung (www.fairness-stiftung.de) eine Hotline eingerichtet, jeden Werktag ab 17 Uhr unter Tel.: 08 00-7 83 66 73.

Sexuelle Belästigung

Er beugt sich über Ihren Bildschirm, so dass sich Ihre Wangen berühren und legt dabei vertrauensvoll den Arm um Ihre Schulter. Wenn er von hinten an Ihnen vorbeigeht, spüren Sie, dass irgendetwas Ihren Hintern streift. Er schickt Ihnen E-Mails mit zweideutigen Witzen: Dies kann der Beginn einer Romanze am Arbeitsplatz sein – aber nur, wenn alle Annäherungsversuche auf gegenseitigem Einverständnis beruhen!

Fließen die Hormone nur in eine Richtung und Sie fühlen sich bedrängt, peinlich berührt, angeekelt, sind verletzt oder verängstigt, dann handelt es sich um einen Fall von sexueller Belästigung.

Bitte machen Sie nicht den Fehler zu glauben, das Problem löse sich von allein, wenn Sie dem Kollegen weiterhin freundlich lächelnd ausweichen. Im Gegenteil – solange ihm niemand Grenzen setzt, fühlt sich ein Belästiger in seinem entwürdigenden Verhalten bestätigt und wird sich immer weiter vortasten. Sexuelle Belästigung ist immer auch ein Machtmissbrauch!

Also: Jetzt ist Schluss mit nett sein! Anders gesagt: **Auf einen groben Klotz gehört ein grober Keil:**

- Stellen Sie den Kollegen zur Rede und halten Sie dabei Augenkontakt! Fragen Sie ihn, ob er seine Testosterone allein in den Griff bekommt oder ob Sie jemanden aus dem Personalrat bzw. den Vorgesetzten bitten sollen, ihm zu helfen.

  Soll heißen: Drohen Sie mit einer Beschwerde. Machen Sie ihm klar, dass er dabei ist, seinen Job zu riskieren, denn so ist es: Kündigungen wegen sexueller Belästigung sind keine Ausnahme mehr!

- Werden Sie handgreiflich (»in die Eier treten« kann man in Selbsthilfekursen üben!), allerdings ohne Zeugen, denn das könnte wiederum für Sie arbeitsrechtliche Konsequenzen haben.

- Gut wäre, wenn die Belästigung für andere Kollegen sichtbar wird, damit Sie nicht am Ende als Nestbeschmutzerin oder hysterische Zicke dastehen, weil niemand etwas mitbekommen hat. Das heißt: Ziehen Sie Kolleginnen ins Vertrauen – später könnte das als Beweis eine große Rolle spielen. Meistens sind Sie nicht das erste Opfer. Manche Belästiger sind schon seit Jahren berühmtberüchtigt für ihre Grabschereien. Es gibt bestimmt Mitstreiterinnen, die sich freuen, dass der Kerl endlich abgemahnt wird.

• Führen Sie Tagebuch, in dem alle Situationen, Ihre Reaktion und sein Verhalten daraufhin aufgelistet sind.

Die Fakten: Laut **Beschäftigtenschutzgesetz** (1994) ist der Arbeitgeber verpflichtet, auch vorbeugend für ein Betriebsklima zu sorgen, in dem kein Arbeitnehmer sexuell belästigt wird. D. h. er ist auch verpflichtet, jeder Beschwerde nachzugehen.

Pornographische Pin-ups z. B. innerhalb des Ihnen zugänglichen Arbeitsbereichs müssen Sie nicht tolerieren, auch nicht in Form von E-Mails oder Bildschirmschonern. Unter die **Definition »sexuelle Belästigung«** fallen außerdem: Witze oder Sprüche, die Frauen demütigen, jede unerwünschte Berührung, Tätscheln, Befingern bis hin zu Bedrohung oder Nötigung.

Die meisten dieser Angriffe fallen gleichzeitig unter das Strafgesetz! Sie können also Anzeige erstatten. Vorher sollte jedoch die Betriebsleitung durch Ermahnungen, Versetzung bis zur fristlosen Kündigung disziplinierend eingreifen. Im Rahmen des Arbeitsrechts gilt eine andere Beweisführung als im Strafrecht: Als **Beweis** gilt die Aussage des Betroffenen, Tagebuchaufzeichnungen, Aussage von Dritten, denen Sie sich anvertraut haben, oder auch eine eidesstattliche Versicherung über die Vorfälle bei einer Notarin.

Eine Broschüre zum Thema können Sie im Internet kostenlos per E-Mail bestellen unter: www.region-hannover.de und dort weiter zur Rubrik »Frau und Beruf«. Weitere Links und Telefonnummern siehe unter »Mobbing« (s. S. 94).

Vorstellungsgespräch

Die Folgen der Terroranschläge, das Gesund-Schrumpfen der Aktienmärkte, die Versuche der Unternehmen, ihre Aktien durch groß angelegten Stellenabbau zu retten: Ihre Chancen, sich auch nach zehn oder mehr Jahren in einem Job noch einmal einem Vorstellungsgespräch stellen zu müssen, sind zurzeit außergewöhnlich hoch (vor allem bei Banken und Versicherungen). Mit der Erfahrung aus einigen Berufsjahren steigen zugleich die Erwartungen Ihres potenziell nächsten Arbeitgebers. Außerdem müssen Sie sich bei der derzeitigen Konkurrenz aus hochqualifizierten Arbeitslosen (schließlich hat die Krise längst den Mittelstand erreicht) etwas intensiver mit der Frage auseinander setzen, warum man gerade Sie einstellen soll. Hoffentlich ist Ihr Selbstvertrauen noch so weit intakt, dass Ihnen ad hoc ein Dutzend Gründe einfallen – andernfalls lautet der erste Tipp:

Versuchen Sie, dieses Gespräch als Chance zu sehen (und zu nutzen), sich so gut wie möglich zu verkaufen. Motivieren Sie sich, indem Sie sich vornehmen, sich in irgendeiner Dimension zu verbessern: mehr Geld, mehr Verantwortung oder eine interessantere Aufgabe (wie Sie trotzdem auftretendes Lampenfieber bekämpfen s. S. 91).

Ob Sie nervös oder gelassen in das Gespräch gehen, können Sie selbst steuern, indem Sie sich informieren:

- **Über die Firma:** Rechtsform, Beteiligungen, Geschäftsfelder, aktuelle Trends, Wettbewerbssituation, Zielgruppen, Standorte, Mitarbeiterzahlen, Aktienkurse, Firmenphilosophie usw. Diese Infos bekommen Sie auf der Homepage des Unternehmens. Produktkataloge, Jahresberichte oder Werbematerial fordern Sie bei der Pressestelle/PR-Abteilung an. Firmenberichte sollten Sie im Fernsehen und in den Printmedien, in Fachzeitschriften, in der regionalen und überregionalen Presse verfolgen oder recherchieren – viele Publikationen bieten freien Zugang zu ihren Online-Archiven. Aber vielleicht haben Sie ja auch eine Bekannte, die über die Datenbank ihrer Zeitung/ihres Senders an Presse-Archiv-Material herankommt? Auskunft geben außerdem Fachverbände, Industrie- und Handelskammer, Messen, Kongresse, Arbeitgeberverbände etc. Alles, was sich aus diesen Recherchen als Frage ergibt, sollten Sie für das Gespräch notieren – bei Pausen oder Blackouts werden Sie dankbar darauf zurückgreifen!

- **Über Ihre Aufgabe**, gegebenenfalls vorher am Telefon oder direkt bei der Vorstellung, denn das gibt Ihnen eine Chance, das Gespräch zu steuern:

  - Wie lange waren Ihre letzten beiden Vorgänger in dem Job und wo arbeiten sie jetzt?

- Wie lange schon sind Ihre potenziellen Kollegen in der Abteilung?
- Wie soll sich Ihr Job, die Abteilung bzw. der gesamte Standort des Unternehmens in den nächsten ein bis fünf Jahren entwickeln?
- **Über Arbeitsbedingungen:** Welcher Tarifvertrag/Rahmentarifvertrag gilt? Kern-, Wochenarbeits-, aber auch Urlaubszeiten. Wie viele Überstunden fallen üblicherweise an, werden sie vergütet, ausgeglichen oder werden sie mit einem entsprechend hohen Gehalt kompensiert? Diese Informationen im Gespräch selbst zu erfragen, setzt voraus, dass Ihnen deutliches Interesse entgegengebracht wird, eventuell gleich ein Angebot. Sonst erwecken Sie den Eindruck, sich mehr für den Urlaub als für den Job zu interessieren ...
- **Über die Gehaltsfrage:** Hier ist Ihre Professionalität besonders gefragt! Dazu gehört, dass Sie sich vorher informieren, wie viel Sie in Ihrer Branche, gemessen an Ihrer Ausbildung und Erfahrung, erwarten können. Überlegen Sie sich genau, wie viel Sie wollen und legen Sie noch etwas drauf, denn gedrückt werden Sie sowieso. Außerdem sollten Sie in Ihrem Kopf festlegen, wo Ihre persönliche Schallgrenze nach unten verläuft. Wer sich zu weit runterhandeln lässt, verliert nicht nur Geld, sondern vor allem Profil. Die Schlussfolgerung Ihres Gegenübers wird lauten: Wenn sie sich hier nicht vertreten kann, wie soll sie sich dann gegenüber einem Kunden durchsetzen? Damit Ihnen Ihre Gehaltsvorstellung im besagten Moment wie selbstverständlich über die Lippen kommt, sprechen Sie die Summe ein paar Mal in den Spiegel. Falls Sie das Gefühl haben, unverschämte Forderungen zu stellen: Frauen verdienen gerade mal 65 Prozent des Einstiegsgehalts von Männern im außertariflichen Bereich! Seien Sie die Ausnahme.
Unter www.focus.de, Rubrik »Beruf und Karriere« können Sie für 1,99 Euro in zwei Minuten 20 Vergleichsgehälter abrufen. Insgesamt verfügt die Datenbank über 250 000 Beispielgehälter in 200 Berufen aus 60 Branchen.
- **Über sich selbst:** Was ist eigentlich Ihr Motiv für die Bewerbung?

Das Geld, pure Verzweiflung, weil Sie arbeitslos sind, oder brauchen Sie einen Job in einer anderen Stadt, um Ihrem Freund hinterher zu ziehen? Falls einer dieser Gründe dahinter steckt, sollten Sie Ihr Inneres nach einem weiteren Ansporn durchforschen, der mehr mit dem Unternehmen oder Ihrer späteren Aufgabe zu tun hat. Sonst riskieren Sie peinliches Schweigen oder Freudsche Versprecher.

- Wie lässt sich das **Thema Ihres letzten großen Projekts** oder Ihrer Diplomarbeit in zehn Sätzen darstellen?
- Wie ist Ihre **aktuelle Jobsituation**? Idealerweise sind Sie zum Zeitpunkt des Gesprächs vielleicht schon gekündigt worden, aber immer noch in einem Arbeitsverhältnis – dann sollten Sie getrost lügen. Aber auch längere Arbeitslosigkeit kann man mit einer Notlüge kaschieren: Sie müssen nur überzeugend darstellen können, dass Sie zurzeit z. B. freiberuflich arbeiten. Für den Fall, dass Sie in Lohn und Brot sind, sollten Sie genau erklären können, warum Sie den Job wechseln möchten – und zwar ohne den derzeitigen Arbeitgeber zu verunglimpfen!
- Wenn Sie Ihre Qualifikationen mit den Anforderungen der Stellenausschreibung vergleichen – **was macht Sie zur perfekten Kandidatin?** Dabei sollten auch außerberufliche Fähigkeiten oder Freizeitaktivitäten wie Ehrenämter, kulturelle Interessen, Reisen mit einfließen. Damit liefern Sie Ihrem zukünftigen Arbeitgeber Informationen über Ihre Teamfähigkeit, Ihren geistigen Horizont und Ihre Arbeitsmoral: Das Ganze sollten Sie in einem kurzen Statement (fünf Minuten) frei vortragen können. Am besten üben Sie mit einer Freundin, die idealerweise in der gleichen oder ähnlichen Branche beschäftigt ist. Garnieren Sie Ihren Vortrag mit rhetorischen Mitteln (»Wenn ich Sie richtig verstanden habe, wünschen Sie sich jemanden, der …«), Beispielen aus Ihrer Erfahrung, bei denen Sie geglänzt haben (»… ist es mir gelungen …«, »worauf ich stolz bin …«) und Angeboten für tiefer gehende Informationen (»Vielleicht möchten Sie über Projekt X noch mehr wissen?«).
- Was sind Ihre **wunden Punkte und größten Misserfolge**? Wer solche Negativerfahrungen als Vorbereitung noch einmal hervorholt und

sie in seinem Bewusstsein durch positive Beispiele ersetzt, bietet weniger Angriffsfläche. Oder Sie erklären, was Sie daraus gelernt haben!

- Wie definieren Sie den **roten Faden in Ihrer Vita**? Vor allem wenn Sie dafür logische Zusammenhänge herstellen müssen, wo keine sind. Ihr neuer Arbeitgeber will wissen, wie stringent Sie Ihre Ziele verfolgen und ob Sie konsequent planen!

Im Gespräch selbst:

- Fallen Sie nicht mit der Tür ins Haus. Jedes Vorstellungsgespräch startet mit einem kleinen **Smalltalk** von maximal drei Minuten. Auf dem Weg zum Termin oder durchs Firmengebäude können Sie schon nach einem Aufhänger suchen: Werbeplakate, Aushänge oder Kunstwerke im Foyer des Gebäudes etc.
- Beachten Sie, dass verschränkte Arme, übereinander geschlagene Beine, eine gerunzelte Stirn oder ein ernster Gesichtsausdruck Unsicherheit oder Ablehnung signalisieren: Stichwort **Körpersprache** (s. S. 28). Holen Sie sich lieber positives Feedback, indem Sie eine offene Mimik zeigen, lächeln und Blickkontakt halten. Dabei sollte der Oberkörper nach vorne gebeugt und Arme/Hände dem Gesprächspartner zugewandt sein.
- **Vermeiden Sie Fachchinesisch** – es sei denn, Sie werden explizit darum gebeten und der Fragende ist eine Person Ihres Fachs. Füllwörter wie »halt« oder »sozusagen«, das Wiederholen der immer gleichen Redewendung und umständliche Schachtelsätze vermitteln Unsicherheit. Außerdem sollten Sie sich durch Gesprächspausen nicht dazu verleiten lassen, sich in weitschweifigen Begründungen zu verlieren – einfach aussitzen und Blickkontakt halten.
- Lassen Sie sich **nicht durch Angriffe aus der Ruhe bringen**. Manchmal steckt dahinter der Versuch, Ihre Nerven zu testen: Einfach lächeln und abschwächen (»Ja – so könnte man es sehen, aber …«). Sollte Ihr Gegenüber Sie mit Bemerkungen oder Fragen persönlich abwerten, dann können Sie selbstbewusst darüber hinweg gehen und stattdessen Infos zur Selbstdarstellung anbieten (»Vielleicht

interessiert es Sie, dass ...«). Nicht Sie, sondern Ihr Gesprächspartner gibt sich in diesem Moment eine Blöße. Überlegen Sie sich gut, ob Sie für diesen Menschen überhaupt arbeiten wollen!?

- Sie müssen nicht auf jede Frage eingehen. **Das Gesetz verbietet sogar Fragen** nach den Familienverhältnissen (Scheidung, getrennt etc.), Herkunft und Abstammung oder Lohnpfändungen. Nach folgenden Informationen darf sich ein Arbeitgeber nur ›bedingt‹ erkundigen, d. h. nur wenn ein direkter Bezug zum Job besteht: Krankheiten, Vorstrafen, religiöse Zugehörigkeit, Mitgliedschaft in einer Partei oder Gewerkschaft und Ihre finanzielle Situation sowie Ihr letztes Gehalt.

Für Frauen besonders relevant: Nach einer bestehenden Schwangerschaft darf sich Ihr Gegenüber nur erkundigen, wenn Sie als Pflegekraft im Schichtdienst oder als Model beschäftigt werden sollen. Der Gesetzgeber erlaubt in diesem Fall eine Notlüge! Wie Sie Job und Familie vereinbaren, ob Ihre Kinder tagsüber versorgt werden, was Ihr Mann zu der Bewerbung sagt, geht den Arbeitgeber ebenfalls nichts an. Je nachdem, wie sehr Sie den Job wollen, können Sie Ihre Reaktion variieren:

- Entweder verweigern Sie die Antwort mit einem charmanten Lächeln, oder
- Sie verweisen auf die Unrechtmäßigkeit der Frage, zeigen sich aber gleichzeitig kooperativ, indem Sie allgemeine Auskünfte geben, z. B., dass Ihre beruflichen Pläne von Ihrem Partner voll unterstützt werden.
- Sie können auch zurückfragen, ob man einem Familienvater als Bewerber die gleichen Fragen stellen würde und worüber sich Ihr zukünftiger Arbeitgeber eigentlich Sorgen macht.

Gängige Vorurteile
Da Sie in den meisten Branchen einer Männermehrheit begegnen, ist es sinnvoll, wenn sich Bewerberinnen, Berufs- oder Wiedereinsteigerinnen auf die folgenden nach wie vor gängigen Vorurteile gefasst machen. Wer die unbewussten Befürchtungen und Beweggründe

hinter diesen Vorurteilen versteht, findet im richtigen Moment auch eher eine schlagfertige Antwort – deshalb anbei die Ansätze einer Deutung:

»Frauen, die sich voll auf den Job konzentrieren, kompensieren damit eine fehlende Partnerschaft, einen unerfüllten Kinderwunsch, d. h. sie sind grundsätzlich unzufrieden oder frustriert und deshalb auch aggressiv – oder eben lesbisch.«

Kinderlosen Frauen wird nicht nur von Männern automatisch unterstellt, sie verzichten unfreiwillig auf Nachwuchs und nun müsse der Beruf das fehlende Glück ersetzen. Es wird nur selten geglaubt oder respektiert, dass sich Frauen auch bewusst für **Kinderlosigkeit** entscheiden. Eine solche Entscheidung ist für viele Familienväter und Mütter nicht nachvollziehbar, weil Sie einen großen Teil ihrer Lebenszufriedenheit aus der Elternschaft beziehen. Eine Ablehnung ihrer eigenen Lebensweise ist ihnen suspekt. Oder sie projizieren ihren Neid auf die Unabhängigkeit und Freiheit der kinderlosen Kollegin und unterstellen ihr umgekehrt Eifersucht auf einen Lebensstil mit Heim und Familie. Hinzu kommt die latente Bedrohung durch eine Konkurrenz, die ja tatsächlich mehr Zeit in die Karriere investieren kann als ein Arbeitnehmer mit Familie.

»Eine Kollegin mit Familie wird dem Beruf immer nur die zweite Priorität geben oder aber in eine Zwickmühle geraten – deshalb ist sie nicht so verlässlich (Kind erkrankt) und auch weniger belastbar.«

In diesem Vorurteil spiegelt sich eine reale gesellschaftliche Schräglage, denn die Betreuungssituation für Kinder ist in Deutschland so katastrophal, dass sich Frauen immer noch zwischen **Beruf und Familie** entscheiden müssen. Gleichzeitig werden Männer so gut wie nie vor diese Entscheidung gestellt. Nach dem klassischen Rollenverständnis wird davon ausgegangen, dass sie sich auf eine Frau verlassen können, die ihnen den Rücken frei hält. Folgerichtig offenbart dieses Vorurteil den unbewussten Wunsch der Männer, selbst von familiären Belangen und Belastungen verschont zu bleiben – und gleichzeitig die Angst, die Hausfrau-Partnerin könnte Ansprüche auf eine eigene Karriere geltend machen. Das Modell einer berufstätigen Mutter darf nicht funktionieren, weil es ihre bequeme Rollenverteilung in Frage stellt.

»Das sehen Sie bestimmt so, weil Sie eine Frau sind.«
Mit diesem oder ähnlichen Bezügen zu einer **spezifisch weiblichen Sicht** der Dinge werden gerne Meinungen oder Ideen kommentiert. Die Unterstellung dabei lautet übersetzt: Die Argumente einer Frau haben keine logische, wirtschaftliche oder sonstwie schlüssige Grundlage, sondern entspringen einer nicht weiter benannten weiblichen Eingebung. Das heißt, sie müssen nicht ernst genommen werden und werden auf subtile Weise abgewertet. Auf diese Weise werden die besten Ideen oder Vorschläge mit einem Totschlagargument vom Tisch gewischt, denn an ihrem Frausein können Frauen schließlich nichts ändern. Interessant wäre es zu erfahren, wie diese spezifisch weibliche Sicht definiert ist, wieso Männer darüber mehr wissen als die betroffenen Frauen, ob auch eine männliche Sicht der Dinge existiert und infolge dessen auch mancher männliche Vorschlag daran scheitert, dass er ja nur die Hälfte der Menschheit im Blick hat.

»Frauen sind dem rauen Umgangston in bestimmten Geschäftsfeldern (auf dem Börsenparkett oder auf der Baustelle) nicht gewachsen. Sie können deshalb auch keine harten Verhandlungen führen.«
Dahinter steckt meistens die eigene Angst des Mannes vor Kontrollverlust und Gefühlsausbrüchen. Schließlich ist es auch für ihn eine ständige Anstrengung, die Fasson zu wahren, also kann er sich nicht vorstellen, dass eine »sensible« Frau dem Druck standhält. Emotionalität ist für diese Männer ein Monopol der Frauen. Dazu kommt ein genereller Beschützerinstinkt gegenüber Frauen, der unbewusst an die Meinung gekoppelt ist, Frauen reagierten grundsätzlich emotional.

Als Vorbild für ihre Meinung über Frauen im Job dient den meisten Männern die eigene Gattin. Es lohnt sich also, ein paar Infos über die familiäre Situation des Kollegen/Vorgesetzten einzuholen, um ihn besser einzuschätzen!

Außerdem kann es der Karriere auf die Sprünge helfen, wenn Sie sich mit **männlichen Kommunikationsregeln** (s. S. 84) auseinander setzen.

Rangeklotzt und ausgetrickst: selbst ist die Frau – vom Kampf mit Bohrmaschinen, Uniformträgern und anderen Widrigkeiten

Dieses Kapitel gilt allen Frauen, die sich keinen Mann anschaffen würden, nur um einen Handwerker im Haus zu haben; die ihren Haushalt ohne mütterliche Ratschläge unter Kontrolle bringen wollen und sich lieber mit einem Augenzwinkern durchs Leben mogeln, anstatt Parktickets zu zahlen.

Ansonsten finden Sie hier alle Katastrophen, die ums Verrecken unter keine andere Überschrift passsten ...

Verstopfter Abfluss

Das reine Umweltgewissen beginnt bei der eigenen Spüle. Vorbei die Zeiten, in denen man irgendeine Chemiekeule in den verstopften Abfluss gedrückt hat, die sich im Zweifel auch durch Beton fressen würde. Heute riskieren Sie mit so einer Aktion soziale Ächtung – und das zu Recht. Aber bevor Sie das Plastikgedärm unter der Spüle tatsächlich selbst auseinander nehmen und von Würgereizen geschüttelt werden, versuchen Sie es mit unbedenklichen Hausmitteln:

Alter Kaffee (genau: die braune Schlacke aus der benutzten Filtertüte) oder Kaisernatron. Beides muss mit heißem Wasser vermengt werden, dann rein in den Ausguss und mit etwas Geduld hören Sie bald das vertraute Gluckern.

Sollte sich nichts rühren, dann müssen Sie wohl oder übel selbst zur Werkzeugkiste greifen. Schließlich sind Handwerker viel zu teuer – die Anfahrt kostet so viel wie die Arbeitsstunde –, oft unpünktlich und sie machen hinterher nicht mal sauber.

- Als Erstes sollte die bewährte **Gummi-Saugglocke** zum Einsatz kommen. Das Modell ist seit Jahrzehnten das Gleiche: roter Sauger auf Holzstiel. Einfach über dem Abfluss fest andrücken und rhythmisch pumpen. Vorher sollten Sie allerdings den Überlauf abdichten, damit keine größere Putzaktion daraus wird.

- Bleibt die Glocke erfolglos, müssen Sie aufrüsten: mit einer **Reinigungsfeder** (Baumarkt). Die hat den Vorteil, dass Sie damit auf mehrere Meter Länge im Rohr rumbohren können.

- Ist auch das nicht von Erfolg gekrönt, sind Sie gezwungen, im eigenen Dreck zu wühlen: Bevor Sie Hand anlegen, muss unbedingt ein Eimer drunter, denn noch wissen Sie nicht, was Ihnen beim **Aufschrauben** entgegenkommt. Das U-förmige Rohr unter der Spüle/dem Waschbecken können Sie nur mit einer Rohrzange lösen. Danach stochern Sie mit einer Flaschenbürste im Rohr selbst (aber auch in den beiden Anschlüssen für Wasser und Abwasser), bis Sie den Dreck mechanisch so weit gelockert haben, dass der Wasserdruck den Rest erledigen kann.

Und für die Zukunft: Ein Metall- oder Plastiksieb aus der Drogerie hält Haare, Zehennägel oder Scherben zurück – kostet Sie nur ein paar Cent und von Zeit zu Zeit den Gang zum Mülleimer, um es auszuklopfen.

Autoreifen wechseln

Leider lässt das männliche Verständnis für weibliche Untüchtigkeiten rapide nach – proportional zu der wachsenden Anzahl von Männern mit manikürten Fingernägeln, die genauso wenig Bock haben, sich die Finger schmutzig zu machen, wie Sie. Wenn Sie also einen männlichen Passanten anhauen, ob er so freundlich wäre, Ihnen den Autoreifen zu wechseln, riskieren Sie immer häufiger einen Korb. Und auf den einsamen Landstraßen der hiesigen Provinz oder gar irgendwo in der Wüste oder im Outback können Sie wahrscheinlich Wurzeln schlagen, bevor jemand vorbeikommt. Also: Stellen Sie sicher, dass der Reservereifen im Kofferraum immer genügend Luftdruck hat, der Rest ist ein Kinderspiel:

- Die Handbremse muss fest angezogen sein.
- Wenn vorhanden, müssen erst einmal die Radkappen runter. Die Radmuttern lösen Sie mit einem Radkreuz (sollte beim Reserverad liegen). Dabei müssen Sie unter Umständen Ihren ganzen Körper einsetzen, denn oft sitzen die Dinger bombenfest. Wenn die Armmuskeln nicht ausreichen, stecken Sie das Radkreuz auf die Mutter und klemmen Sie etwas Festes (Stein oder Reserverad) unter den hinteren Arm des Radkreuzes. Dann steigen Sie mutig auf

das linke Ende und helfen, wenn nötig, mit ein paar kleinen Sprüngen nach.

- Sind alle Radmuttern gelöst, klemmen Sie den Wagenheber unter die Karosserie und bocken den Wagen auf. Dabei nicht übertreiben – es reicht, wenn das Rad etwa einen Zentimeter über dem Boden schwebt.
- Jetzt können Sie die Radmuttern ganz heraus drehen (sauber lagern!) und das Rad von der Achse ziehen. Falls es bockt, können Sie mit ein paar Tritten oder Hammerschlägen (mit einem Stück Holz dazwischen zur Dämpfung) gegen die Felge nachhelfen. Vorsicht Verletzungsgefahr: Sie könnten das Auto aus dem Gleichgewicht bringen, so dass der Wagenheber zusammenklappt.
- Nun das Reserverad auf die Achse, die Muttern sollten erst einmal nur leicht angezogen werden. Dann den Wagen ein bisschen absenken, bis das Rad den Boden erreicht, die Muttern festziehen und den Wagenheber ganz runterdrehen.

Sie werden sehr stolz auf sich sein!!!

Autounfall

Es ist eine statistische Wahrheit, dass Frauen weniger Unfälle verursachen und diese Unfälle wiederum sehr viel seltener Verletzte oder gar Tote zur Folge haben. Deshalb gehen wir davon aus, dass es sich bei dem Autounfall, in den Sie verwickelt sind, allerhöchstens um einen Blechschaden handelt. Wenn an beiden Fahrzeugen nicht mehr als ein paar Schrammen zu sehen sind (Bagatellfälle bis 2000 Euro pro Beteiligter), können Sie sich den Anruf bei der Polizei sparen – und damit auch die lange Wartezeit, bis ein Funkwagen bei Ihnen eintrifft. Meistens kriegen Sie schon am Telefon von den Beamten einen Korb, es sei denn, Sie können sich überhaupt nicht über den Unfallverlauf einigen und haben es mit einem Choleriker zu tun, der anfängt, Sie zu beleidigen: Weisen Sie die Polizei darauf hin, dass es jeden Augenblick zu Handgreiflichkeiten kommen kann – dann ist die Polizei verpflichtet, sich einzumischen.

- Für den Fall, dass Sie einem zivilisierten Menschen hinten drauf gefahren sind und es beide eilig haben, sollten Sie folgende **Infos**

austauschen: Name und Adresse, Kennzeichen, Autotyp, Kfz-Versicherung inklusive Nummer des Versicherungsscheins.

- Danach zeichnen Sie zusammen mit Ihrem Mitcrasher eine **Unfallskizze**, aus der deutlich wird, wer aus welcher Straße kam, Fahrtrichtung und Position der Wagen, eventuelle Vorfahrts- oder andere Schilder usw.
- Vorbeugend sollten Sie immer eine Billigkamera im Handschuhfach haben (oder zur nächsten Drogerie wetzen), denn Fotos vom Unfallort sind noch eindeutiger. Außerdem können Sie sich bei den Automobilclubs (nur für Mitglieder) oder beim TÜV einen **Unfallbericht** zum Ausfüllen besorgen.
- Sobald sich die Polizei einschaltet, könnte ein Strafbefehl (z. B. bei Fahrerflucht) oder Bußgeldverfahren (Ordnungswidrigkeit) folgen – unabhängig, ob einer der Unfallgegner den anderen anzeigt oder nicht. Falls Sie den Unfall eindeutig verschuldet haben, könnte es für Sie also günstiger werden, wenn Sie schnelle Zugeständnisse machen, Streit vermeiden und dem Unfallgegner klarmachen, dass die Versicherung in jedem Fall zahlt – ob Sie nun zusätzlich noch wegen überhöhter Geschwindigkeit zu einer Vorstrafe/Geldbuße verdonnert werden oder nicht. Ihr Gegenüber hat von einer Verurteilung also gar nichts, dafür aber Ihre **Versicherung**: Die wird sich an Ihnen schadlos halten und die gezahlte Summe von Ihnen zurückfordern, wenn Sie z. B. wegen Fahrerflucht verurteilt werden – auch wenn Sie die Versicherung bis zur Gerichtsverhandlung längst gekündigt haben.
- Als Verursacher sollten Sie den Unfall innerhalb von 24 Stunden Ihrer Haftpflichtversicherung melden – vor allem, wenn Sie den anderen für schuldig halten –, nur so kann Ihr Versicherer unberechtigte Ansprüche abweisen (andernfalls riskieren Sie Ihren Versicherungsschutz!).
- Mit einer Rechtschutzversicherung sind Sie fein raus: Wenden Sie sich einfach an einen Rechtsanwalt mit dem Spezialgebiet Verkehr und lassen Sie schnell ein Rekonstruktionsgutachten zum Unfall erstellen.
- Hat Ihr Gegner den Unfall verschuldet, dann sollten Sie den Scha-

den an Ihrem Fahrzeug so schnell wie möglich schätzen lassen. Übersteigen die möglichen Kosten 750 Euro (dafür reicht meistens der **Kostenvoranschlag** eines Kfz-Meisters von der Tankstelle nebenan), dann dürfen Sie auf Rechnung des Kontrahenten einen Sachverständigen einschalten. Falls die Versicherung zögert zu zahlen: Nach vier Wochen haben Sie Anspruch auf eine Abschlagszahlung!

Verdreckter Badezimmerspiegel

Ihre Mutter oder Schwiegermutter steht jeden Moment vor der Tür. Sie haben an alles gedacht. Die Wohnung sieht besser aus als nach der letzten Renovierung, doch dann werfen Sie einen letzten Blick in den Badezimmerspiegel und merken, warum Sie immer nur den Flurspiegel benutzen, um sich zu schminken. Das Ding ist durch Zahnpastaspritzer und Fliegendreck fast blind. Das heißt, Sie sind als Schlampe und Quartalsputzerin entlarvt. Es sei denn, Sie schnappen sich eine rohe (gewaschene) Kartoffel, die Sie halbieren und dann zweckentfremden, indem Sie mit der Schnittfläche kräftig über das Glas reiben. Mit Wasser nachwischen und mit einem Geschirrtuch polieren – macht eine Minute Nettoputzzeit, bevor es an der Tür klingelt!

Nörgelnde Beifahrer

Am Steuer sind Männer laut Unfallstatistiken eine Gefahr für die öffentliche Sicherheit. Noch schlimmer allerdings sind sie als nörgelnde Beifahrer. Sind Sie als Frau mit einem solchen Exemplar geschlagen, dann raten wir zu folgender Gegenwehr:
- Sie konfrontieren ihn mit den Infos zum Thema Autofahren unter »Deeskalation im Alltag« von S. 57, appellieren an seine Logik, d. h. es gibt keinen objektiven Grund, Angst zu haben, und versuchen zu analysieren, wo der tiefere psychische Grund für sein fehlendes Vertrauen begraben liegt – zum Beispiel im Verhältnis zu seiner Mutter (Psycho-Gespräche haben noch jeden Mann eingeschüchtert, und er ist abgelenkt!).
- Oder: Sie schenken ihm einen Gutschein für das Ringtaxi am Nürburgring. Der Chauffeur ist eine Frau, die selbst erfolgreich Amateur-Autorennen fährt. Bei der Fahrt im Rennwagen erreicht sie

auf gerader Strecke Geschwindigkeiten um die 250 km/h, was sie aber nicht daran hindert, sich gleichzeitig die Nase zu putzen, um den Adrenalinspiegel ihrer meist männlichen Fahrgäste noch einmal zu steigern. Danach wird sich Ihr Nörgler nie wieder abfällig über weibliche Fahrkünste äußern – versprochen! Eine Fahrt mit maximal drei Passagieren kostet 120 Euro (frühzeitig anmelden!), Tel.: 0 26 91-30 21 78/6 20.

Bohrmaschine

Aus dem Erfahrungsschatz der Autorinnen möchten wir als Abschreckung von einem Fall berichten, der Sie hoffentlich überzeugt, sich selbst eine Bohrmaschine anzuschaffen: Die Tochter des Hauses bat ihren damaligen Freund, für ein neues Regal ein paar kleine Löcher in eine Schlafzimmerwand des elterlichen Zuhauses zu bohren. Der junge Mann war gerade erst in die Familie eingeführt worden, stand also von Seiten der Freundin und deren Eltern unter Erfolgsdruck. Da damals wie heute davon ausgegangen wird, dass Männer per Geschlecht mit einer Bohrmaschine hantieren können, fragte auch niemand, ob er Übung mit so einem Ding hat. Ohne in die Details gehen zu wollen – der Fall endete mit einer freigelegten Wasserleitung, einem Kurzschluss und damit, dass die Wand zum Teil neu gemauert und verputzt werden musste. Um bei Ihrem Einstieg ähnliche Erfahrungen zu vermeiden (denn da zahlt auch keine Versicherung!), sollten Sie beim Bohren Folgendes beachten:

- **Die Bohrmaschine** muss eine Schlagbohreinstellung haben, sonst ist sie für Wände nicht zu gebrauchen (meistens durch ein Hammersymbol gekennzeichnet).
- **Der Bohrer**, also der Aufsatz der Bohrmaschine, sollte dementsprechend ein Schlagbohrer sein – daran zu erkennen, dass das Metall, auch bei einem neuen Bohrer, stumpf aussieht und nur an der Spitze aus einem anderen, noch härteren Material besteht, das sich in der Färbung vom Rest des Bohrers absetzt.
- **Die Wand** steckt unter Umständen voller Leitungen. Es ist ratsam, nicht senkrecht über oder unter und waagerecht neben Steckdosen, Verteilerdosen, Gasanschlüssen oder Wasseranschlüssen zu

bohren. Denn: All diese Leitungen werden nur waagerecht oder senkrecht verlegt – meistens 15 bis 30 cm oberhalb der Fußleisten, von dort werden sie nach oben an die Anschlüsse verteilt. Manchmal verlaufen die Leitungen auch im selben Abstand unterhalb der Decke und zweigen von dort nach unten ab.

Die Wände selbst bestehen entweder aus Mauerstein bzw. verputztem Beton oder aus einer Schicht dünner Leichtbauplatten (Gips oder Holz) mit einer Unterkonstruktion aus Holz – diese klingen beim Anbohren hohl, d. h. Sie brauchen einen Holzbohrer (an der sehr scharfen Spitze zu erkennen).

Achtung bei gemauerten Wänden: Darin verstecken sich manchmal Hohlräume (so dass der Bohrer abrutscht), die das Verankern eines Dübels erschweren. Eventuell müssen Sie Flügeldübel benutzen. Betonwände dagegen brauchen viel Geduld, weil sie extrem hart sind. Bis Sie die gewünschte Bohrtiefe erreichen, wird das Metall heiß laufen. Vorsicht vor Verbrennungen!

- **Das Loch** muss bei größeren Belastungen auch einen größeren Durchmesser haben. Während für ein Bild 6 mm reichen, sollte es für eine Hängematte doppelt so groß sein. Da ein Anfänger zu ausgefransten Löchern neigt, empfiehlt es sich, Gips bzw. Moltofil bereit stehen zu haben, um kleine Hohlräume ausfüllen zu können. Den Dübel können Sie einfach in den noch feucht-weichen Gips drücken.

- **Der Dübel** ist entweder für Mauerwerk oder Leichtbauwände gemacht und unterscheidet sich im Durchmesser für das entsprechende Bohrloch (z. B. 6 mm), die Länge ist genormt. Der Dübel sollte so weit in der Wand stecken, dass nichts mehr herausschaut (eventuell mit einer eingedrehten Schraube und ein paar sanften Hammerschlägen nachhelfen). Beim Kauf der passenden Schraube sollten Sie bedenken, dass sie etwas länger sein muss – je nach Dicke der Aufhängung oder der Schiene, die an die Wand soll. Übrigens: Kreuzschlitzschrauben halten besser, weil sich der Schlitz nicht so leicht abnutzt und der Schraubenzieher bei der Arbeit besser greift!

Fahrrad fahren

Wenn Sie schon Anstrengungen auf sich nehmen, um die Umwelt zu schützen, dann sollten Sie sich eigentlich mit ein paar Freiheiten belohnen, die nur das Fahrrad fahren bietet: Falsch herum in die Einbahnstraße fahren, ohne Licht oder auf der falschen Seite, bei Rot über die Ampel etc. Sollten Sie dabei den Polizeiwagen hinter sich übersehen haben (und Sie haben gerade heute keinen Personalausweis dabei, so ein Pech): In einer Stresssituation wie dieser kann es auch schon mal passieren, dass man die eigene Identität verwechselt – z. B. mit dem Namen und der Adresse einer ehemaligen Freundin, die einem den Freund ausgespannt hat, oder einer Kollegin, die sich beim Chef eingeschleimt hat.

Für den Fall, dass Ihnen ein **Knöllchen** ins Haus flattert, sollten Sie sich sofort bei der Behörde melden, um folgende Ungeheuerlichkeit klarzustellen: Dass nämlich jemand wohl Ihren Namen benutzt haben muss (wer ist nur so unverschämt?), denn Sie haben gar kein Fahrrad. Und natürlich sind Sie zu Recht empört darüber, dass die Polizei gleich ein Bußgeld erlässt – ohne zweifelsfrei die Personalien festgestellt zu haben.

Fahrradreifen flicken

Egal, was Ihnen die Trendsportläden verkaufen wollen, der lochsichere Reifen ist immer noch nicht erfunden. Es sei denn, Sie entscheiden sich für ein Vollgummi-Modell – auch geeignet für Aussteigertouren durch Südamerika o. ä. Vielleicht gehören Sie aber doch zu der Mehrheit, für die ein Fahrrad vor allem ein Transportmittel ist, und gleichzeitig zu der Minderheit von Frauen, die ihren plattgefahrenen Drahtesel (trotz Geldmangel) lieber vor der Tür verrotten lässt, bevor sie selbst einen Fahrradreifen flickt.

Schluss mit der peinlichsten Ausrede für chronischen Bewegungsmangel – in fünf Minuten kann alles vorbei sei. Alles, was Sie brauchen, sind Fahrradflickzeug und eine Luftpumpe:

- Eventuell ist ein defektes Ventil schuld, das sollten Sie erst einmal ausschließen, indem Sie einen angefeuchteten Finger direkt an die Ventilöffnung legen. Spüren Sie einen kleinen Luftzug, muss das Ventil gewechselt werden.

- Ist das Ventil okay, dann kann der Reifen aufgepumpt werden, um das Loch zu finden – bei einer großen Öffnung können Sie hören, wo es pfeift.
- An dieser Stelle kann man einfach eine Hand breit Schlauch aus dem Mantel nehmen, ohne das ganze Rad ausbauen zu müssen (nicht mit einem spitzen oder scharfen Gegenstand aushebeln, ein Löffel tut's auch).
- Bei einem kleinen Loch hilft Ihnen auch kein absolutes Gehör, d. h. Sie müssen das Rad abmontieren. Dazu brauchen Sie einen 15-mm-Schraubenschlüssel – vorausgesetzt es ist mit herkömmlichen Muttern befestigt. Den Mantel vorsichtig aus der Felge heben, Schlauch rausholen und unter Wasser halten. Dabei ziehen Sie immer einen Hand breit großen Abschnitt durchs Wasser und achten auf aufsteigende Luftblasen – Loch aufgespürt!
- Merken Sie sich die Stelle und trocknen Sie den Schlauch. Jetzt kommt das Fahrradflickzeug zum Einsatz: üblicherweise eine Tube, Flicken und ein gestanztes Blechstück. Das Blech dient zum Aufrauen des Materials rund um das Loch. Nur so kann der Kleber beide Gummiseiten anlösen (»vulkanisieren«).
- Die Lösung aus der Tube in einer dicken Schicht auftragen, trocknen lassen, bis sich die Stelle nur noch leicht klebrig anfühlt. Jetzt den Flicken von der Schutzfolie nehmen und kurz mit aller Kraft fest drücken. Achtung: Sollte die Tube mit Flicklösung schon angebrochen sein, verliert sie schnell ihre vulkanisierende Wirkung.
- Bevor der geflickte Schlauch eingesetzt wird, unbedingt den Mantel von innen nach dem Übeltäter abtasten, denn sonst flicken Sie nach ein paar Kilometern wieder.
- Etwas warten, dann den Schlauch leicht aufpumpen, in den Mantel legen, den Mantel auf die Felge schnappen lassen und das Rad wieder einbauen (gerade und mit festgezogenen Schrauben!).

Im Idealfall können Sie die Reparatur draußen bei Sonnenschein erledigen – nach den Erfahrungen unserer Interviewpartnerinnen ergeben sich dort ungeahnte Kontaktchancen (s. auch »Flirtbörse«, S. 25).

Schwarze Fugen

Badezimmerfugen zu reinigen ist in den Augen der meisten Menschen eine Beschäftigung für Putzneurotiker. Wer sich jede Woche mit einer Zahnbürste über die Fliesen hermacht, gehört tatsächlich auf die Psychiater-Couch. Aber egal, wie reinlich Sie sind – ein Badezimmer mit schwarzen Fugen sieht immer irgendwie vergammelt aus und bevor Sie für viel Geld neu kacheln lassen, sollten Sie vielleicht eine der 8760 Stunden eines Jahres opfern: Sie verrühren Backpulver mit ein wenig Wasser zu einem schäumenden Brei, den Sie großzügig auf die Fugen streichen und einwirken lassen. Danach nur noch mit einem nassen Lappen nachwischen. Falls der Algenbewuchs noch vom Vormieter stammt, hilft vielleicht feines Schmirgelpapier: Knicken und mit der Kante direkt in die Fugen gehen. (Eine Sauarbeit, für die Sie unbedingt den Partner oder eine gute Freundin einspannen sollten. Danach ist eine Einladung zum Abendessen das Mindeste!)

Schnelles Geld

Ihre EC-Karte hat der Geldautomat verspeist, der Dispo ist schon seit langer Zeit überzogen, die freundliche Kundenberaterin bei der Bank schlägt auf Ihrem Anrufbeantworter plötzlich neue (autoritäre) Töne an. Bevor Sie Ihre monatlichen Ausgaben neu strukturieren oder Ihr Auto verkaufen, muss für den aktuellen Bedarf schnelles Geld her:

- Fahnden Sie in Ihrem Schrank nach kaum getragenen Frust- und Panikkäufen und schleppen Sie mindestens einen vollen Altkleidersack zum nächsten **Second-Hand-Laden**.
- Alternativ tragen Sie die gefundenen Schätze selbst zum Flohmarkt. Dann gehören aber auch Bücher, CDs, Videos, Modeschmuck, Geschenke Ihrer Ex-Freunde und selten benutzte Küchengeräte dazu. Telefonieren Sie Ihre Freunde durch – die meisten haben seit dem letzten Umzug eine **Flohmarktkiste** auf dem Boden stehen, die Sie Ihnen liebend gern für eine kleine Provision überlassen, weil sie es selbst sowieso nie schaffen, einen Stand zu organisieren. In den gelben Seiten Ihrer Stadt (oder der nächsten Großstadt) finden Sie die Veranstalter, bei denen Sie sich anmelden können. Am besten konzentrieren Sie sich auf noble

Stadtteile, denn dort ist automatisch auch das Preisniveau für Ramsch höher. Sie werden verblüfft sein, wie viel Kleingeld zusammenkommt, selbst wenn Sie am Schluss für jedes Teil nur noch einen Euro verlangen!

- Sollte Ihnen das Wochenende zu kostbar sein, um es am Samstag um 6 Uhr morgens an einem Flohmarktstand zu beginnen, versuchen Sie es mit einer **Versteigerung** über www.e-bay.de – Sie müssen allerdings etwas Zeit einplanen, um die Sachen danach zu verschicken. Außerdem steigern Sie den Erlös, wenn Sie ein Foto Ihrer Angebote ins Netz stellen können.

- Ein kleiner Stich, ein bisschen Zeit und die Adresse einer caritativen Einrichtung (Rotes Kreuz, Johanniter, Malteser etc.) – soweit zu den Investitionen. Für gespendetes Blut gibt es inzwischen leider nur noch einen Tee und ein paar Kekse. Anders bei einer **Blutplasma-Spende**: Dafür werden nur die flüssigen Bestandteile des Blutes entnommen, d.h. es wird zweimal gepiekst, das Ganze dauert eine Dreiviertelstunde. Für die Entnahme des Blutes und die Retour des Restes ohne Plasma werden ca. 15 Euro bezahlt. Der Vorteil: Dieser Prozedur können Sie sich bis zu 38-mal im Jahr unterziehen, ohne anämisch zu werden. Gratis ist außerdem ein gründlicher Gesundheits-Check-up, bei dem von Leber- und Nierenwerten bis zu HIV fast alles überprüft wird. Unter www.plasmaspende.de finden Sie bundesweit alle Anlaufstellen für eine Spende.

- Lassen Sie Ihr Auto Geld verdienen: Sind Sie Vielfahrer und besitzen ein gepflegtes Auto? Dann können Sie es als **Werbeträger** nutzen. Je nachdem welches Karosserieteil Sie bekleben lassen, springen dabei 5 bis 250 Euro monatlich heraus. Zum Beispiel: Sport-Promotion-Verlag, Info-Tel. (bundesweit): 1 18 45 oder 0 40-66 93 04 90.

- Klappern Sie die **Castingagenturen** Ihrer Stadt ab – in der Werbung oder in Fernsehproduktionen werden auch Durchschnittsgesichter gebraucht. Wenn Sie flexibel genug sind und es Ihnen nichts ausmacht, sich unter Umständen eine halbe Nacht die Beine in den Bauch zu stehen, um dann hinterher sowieso wieder rausgeschnitten zu werden, können Sie ab 60 Euro pro Tag verdienen. Casting-Agenturen bundesweit finden Sie im Netz unter www.guxme.de.

- Alternativ zu Ihrem Gesicht könnte auch Ihre Wohnung Hauptdarsteller im nächsten »Tatort« werden, denn: Filmproduktionen sind immer auf der Suche nach interessanten, schrägen, luxuriösen Schauplätzen. Unter www.locationscout.de finden Sie viele **Locationagenturen** nach Bundesländern sortiert. (Falls Ihre Hütte in Dänemark meistens leer steht – auch international wird gesucht.)
- Statt Babys können Sie auch Haus und/oder Hund hüten: Unter www.housecarers.com vermittelt eine Agentur weltweit zwischen Hausbesitzern und **Haussittern**. Der Preis richtet sich nach individueller Übereinkunft.
- Auch mit der eigenen Qualifikation oder dem Doktortitel Ihrer Freunde können Sie Geld verdienen. Unter www.jobocop.de firmiert eine Online-Headhunter-Agentur, die **Topkräfte vermittelt**. Ob Sie sich selbst oder eine Bekannte erfolgreich in einem neuen Job unterbringen – die Prämien können bis 10 000 Euro betragen.

Kotzfleck

Selbst gestandene Mittdreißiger erleben manchmal Rückfälle in Teenie-Zeiten. Vor allem, wenn nächtliche Gelage immer seltener werden und sich ein Entwöhnungseffekt eingestellt hat, was Alkohol und andere Drogen betrifft. Sollte also im Laufe Ihrer Party ein Kotzfleck das Sofa oder den Boden zieren, und Sie wollen verhindern, dass sich andere Gäste deswegen angeekelt zurückziehen, dann leeren Sie eine Colaflasche über den Fleck und decken Sie das Ganze mit einem alten Handtuch zu. Die Phosphorsäure in der Cola zersetzt das Erbrochene und damit den Geruch, die Kohlensäure hilft gegen den Schmutz. Am nächsten Morgen können Sie den Rest mit Gallseife oder Reinigungsschaum entfernen. Noch besser: Sie bitten den Kotztäter vorbeizukommen und sein Malheur selbst zu beseitigen. Die meisten Betroffenen fürchten am nächsten Tag zu Recht, nie wieder eingeladen zu werden, und freuen sich über eine Gelegenheit, ihren Fauxpas wieder gut zu machen!

Küchengerüche

Kohl ist gesund und gehaltvoll – und er stinkt. Gegen Küchengerüche, die eine ganze Wohnung kontaminieren, hilft es, wenn man schon während des Kochens gemahlenen Kaffee in eine heiße (alte) Pfanne oder direkt auf die heiße Herdplatte gibt.

Für Küchengeräte gilt: Bevor Sie das gute Stück wegschmeißen, weil Sie keinen Fischgeschmack in Ihrer Schokomousse riskieren wollen: Hartnäckige Essensgerüche in und an (lange nicht benutzten) Dosen, Schalen, Tuppertöpfen etc. werden Sie los, wenn Sie kochendes Wasser einfüllen (bis zum Rand) und eine glühende Holzkohle (z. B. die Grillkohle vom letzten Sommerfest) hinterherwerfen – die zieht über Nacht das alte Aroma an sich.

Malerarbeiten

Für Frauen mit **Liebeskummer** (s. S. 66) sind frisch gestrichene Wände die ideale Alternative zu einer neuen Frisur (Risiko s. unter »Verpfuschte Haare« S. 44). Sie haben das Gefühl, etwas in ihrem Leben zu verändern und halten sich mit der Arbeit selbst vom Grübeln ab. Außerdem wird die Erinnerung an den Ex mit dem penetranten Farbgeruch förmlich ausgeräuchert. Trotzdem: Damit Sie für Ihre Malerarbeiten nicht doch noch teure Profis holen müssen, um neu zu renovieren:

- Sollten Sie vorher den Boden mit dicker Folie abdecken und Fußleisten, Fensterrahmen und Türen mit Malerkreppband abkleben.
- Ist es besser, für den ersten Anstrich verdünnte Farbe zu benutzen (5 bis 15 Prozent Wasser), danach können Sie noch kleinere Ausbesserungen mit dem Spachtel verputzen – erst dann kommt der Hauptanstrich mit unverdünnter Farbe.
- Bietet es sich an, die Raumecken und andere, für die Rolle unzugängliche Stellen mit dem Pinsel zuerst zu streichen.
- Ist es ratsam, nicht die billigste Farbe zu verwenden, die meistens sehr viel schlechter deckt als eine Markenfarbe.
- Sollten Sie Farbkleckse auf Fensterscheiben u. ä. am besten nach dem Eintrocknen mit einer Rasierklinge entfernen.

Verdreckter Mülleimer

Das Reinigen eines verdreckten Mülleimers gehört zu den Arbeiten, die man nicht mal einer Putzhilfe zumuten mag. Verständlich, dass Sie sich so lange wie möglich drücken – aber abgesehen vom Verwesungsgeruch riskieren Sie auch, dass sich irgendwann Ungeziefer einnistet. Außerdem mildern Sie den Ekelfaktor, wenn Sie folgendermaßen vorgehen: Vorausgesetzt, es handelt sich um einen Metalleimer (kein Plastik!), können Sie das Ding erstmal ausräuchern. Sie knüllen einzelne Zeitungsseiten zusammen, bedecken damit den Boden des Mülleimers und zünden das Papier an. Diese Aktion sollte natürlich unter freiem Himmel stattfinden, also zumindest auf dem Balkon (den Nachbarn oben drüber Bescheid geben!). Danach können Sie die Innenseite säubern, ohne eine Infektion zu riskieren, und der Gammelgeruch ist auch verschwunden.

Notgeschenk

Es ist nach 20 Uhr, und Ihnen fällt ein, dass Sie kein Präsent für das Geburtstagskind besorgt haben. Entweder Sie haben zu Hause eine prallgefüllte Schublade mit Vorrats-Mitbringseln (wie eine der Autorinnen) oder Sie bleiben zu Hause, weil es Ihnen zu peinlich ist, ohne Geschenk dazustehen – oder:

Sie versuchen es mit einem Notgeschenk:

- Sie durchforsten Ihren CD-Ständer nach einer möglichst aktuellen und unversehrten CD (oder auch nach einer Ihrer Lieblingsscheiben mit Kultstatus).
- Vielleicht haben Sie noch ein unberührtes Buch ohne Widmung im Regal stehen? (Die Autorinnen zum Beispiel haben nahezu alle der Ihnen überreichten Kochbücher gleich weiterverschenkt.)
- Schnappen Sie sich eine unberührte Flasche mit Oliven-/Walnuss-/Rapsöl oder Balsamicoessig aus Ihrer Küche. Lösen Sie das Etikett unter heißem Wasser und kleben Sie stattdessen ein selbst beschriftetes darauf, mit dem Sie zu einem selbst gekochten Abendessen einladen – oder zu einem Wochenend-Kochkurs (die meisten solcher Gutscheine werden nie eingelöst...).

- Auf dem Weg zur Party halten Sie an einem Kino, kaufen eine Tüte mit frischem Popcorn und kleben zwei Karten für den nächsten Tag (bzw. einen Gutschein) obendrauf – genau das Richtige für einen verkaterten Tag!

- Durchstöbern Sie Ihre Badezimmer-Vorräte nach Parfumproben/ exklusiver Seife/Peeling/Schwamm/Badeöl (eventuell selbst mixen, siehe unter »Kurzzeit-Entspannung« S. 48) und schmücken Sie das eingepackte Stück mit einem Gutschein für einen Wellness-Tag in der Therme/im türkischen Bad (die meisten haben auch nach 20 Uhr geöffnet!). Oder – je nachdem, wie Sie zu Ihrem Gastgeber stehen – versprechen Sie auf einer handgeschriebenen Karte eine Verwöhn-Massage!

- Verabschieden Sie sich von einem Ihrer schönsten Bilderrahmen und packen Sie ein besonders blödes (weil witziges) oder hübsches Foto von sich oder Ihrem Gastgeber hinein. Schleife drum, fertig.

Parkplatz

Das Gerangel um einen Großstadt-Parkplatz ist eine Schlacht, in der die Frechste siegt. Also steuern Sie ruhig das Halteverbot an – so lange Sie hinter der Scheibe einen Zettel mit der Handy-Nummer hinterlassen (und dann auch erreichbar sind), dürfen Sie nicht abgeschleppt werden. Sollte ein Beamter Sie erreichen, tischen Sie ihm wahlweise folgende Alibis auf:

- Sie mussten dringend anhalten, um eine Toilette aufzusuchen. Wenn nötig, flechten Sie in Ihre Erzählungen eine Blasenentzündung mit ein oder einen Harndrang auslösenden Fast-Unfall.

- Eine Panne ließ Ihnen keine andere Wahl, als das Fahrzeug unverzüglich abzustellen. Sie sind dann zu Fuß weiter, um einen Bekannten aufzusuchen, der das Problem lösen sollte. Der vorgetäuschte Störfall sollte möglichst nicht nachweisbar sein, zum Beispiel: Die Temperaturanzeige im Cockpit schnellte plötzlich hoch und es roch angebrannt. Oder: Die Öllampe leuchtete auf, ebenfalls in Verbindung mit Brandgeruch. Oder: Das Lenkradschloss ist während der Fahrt eingerastet usw.

Falls es Sie schon erwischt hat und ein Bußgeld ins Haus flattert, können Sie diese Verkettung unglücklicher Umstände auch schriftlich als Widerspruch formulieren.

Pinkeln im Stau

Sie stehen im Stau und müssen mal ganz dringend pinkeln. Sofern vorhanden, können Sie sich natürlich rechts oder links in die Büsche schlagen, müssen dabei aber Ihren Wagen auf offener Strecke zurücklassen. In den meisten Fällen gibt es rund um die Staustelle nichts, das Schatten spendet – was männliche Fahrer dazu provoziert, sich zum Pinkeln einfach mit dem Rücken zu ihrem Auto an die Leitplanke zu stellen. Aber was machen Sie? Frauen, die schon einmal in dieser Situation waren, haben immer eines der folgenden Utensilien dabei, die man – von außen unverdächtig – im Auto benutzen kann:

- Eine Juniorwindel (12 bis 25 Kilo) – einfach vollpischern und in einer Tüte verstauen. Die Saugfähigkeit reicht für einen halben Liter!
- Eine Tupperdose in der Größe eines kleinen Salats.
- Zur Not hält auch ein Kulturbeutel, der Bezug des Erste-Hilfe-Kissens oder die Plastikverpackung des Notfalldreiecks (natürlich ohne Inhalt) einiges an Flüssigkeit.

Portemonnaie verschwunden

Wenn Sie erst beim Auspacken Ihrer Einkäufe die böse Entdeckung machen, sollten Sie zunächst lieber keine Zeit damit verschwenden, darüber nachzudenken, wo und wie genau Ihr Portemonnaie verschwunden ist. Es könnte nämlich sein, dass schon in diesem Augenblick jemand mit Ihrer EC-Karte ein Gucci-Outfit bezahlt:

- Idealerweise haben Sie die **Notrufnummern** passend zu Ihren Plastikkarten dabei. Für die EC-Karte müssen Sie sich unter Tel.: 0 69/ 74 09 87 melden. Je nach Bank dauert es zwischen zwei und vier Wochen, bis Sie die Ersatzkarte per Post bekommen, die neue Geheimnummer trudelt meistens ein paar Tage später ein.
- Falls Sie keine der Hotlines für Ihr Plastikgeld dabei haben, sparen Sie sich eine Menge Recherchearbeit, wenn Sie gleich zur nächsten **Polizeistation** gehen. Die Beamten haben die Nummern aller Ban-

ken und Kreditinstitute, und Sie dürfen kostenlos telefonieren (ein kleiner Trost angesichts des Verlusts). Bei Eurocard zum Beispiel haften Sie bis zum Zeitpunkt der Sperre mit 50 Euro. Die neue Karte haben Sie nach fünf bis sieben Werktagen, im Ausland sogar innerhalb von 48 Stunden, wenn Sie eine feste Adresse (Hotel) angeben können.

- Einmal bei der Polizei sollten Sie gleich **Anzeige** gegen unbekannt erstatten, für den Fall, dass Sie eine Diebstahl- oder Reiseversicherung in Anspruch nehmen wollen. Achtung! Eventuell besteht eine solche Versicherung über eine Ihrer Karten (Bahncard oder Lufthansa-Vielflieger), ohne dass Sie es wissen! Den Gedanken, dass Sie die Brieftasche vielleicht doch auf einem Verkaufstresen liegen gelassen haben, sollten Sie aus genannten Gründen unter den Tisch fallen lassen – da war doch auch dieser Kerl an der U-Bahn-Station, der Sie angerempelt hat, ohne sich zu entschuldigen ...

- Falls Sie unterwegs sind: Die **Sperrung von Reiseschecks** steht ganz oben auf der Liste, denn mit jeder gefälschten Unterschrift verlieren Sie bares Geld. Erkundigen Sie sich, bei welcher Bank Sie Ersatz bekommen.

- Einen neuen **Personalausweis** gibt es beim Einwohnermeldeamt, allerdings wird es noch drei bis fünf Wochen dauern, bis Sie ihn abholen können. Übrigens: Unter der Web-Adresse Ihres Wohnortes können Sie meistens alle nötigen Formulare gleich aus dem Netz runterladen und in Ruhe zu Hause ausfüllen. Dort finden Sie auch Infos über die Öffnungszeiten der Ämter (welches überhaupt zuständig ist), die Kosten und was Sie mitbringen müssen. Es genügt, wenn Sie zwischen das www. und das .de den Namen Ihrer Heimatstadt einfügen – ob Hamburg, Hannover, Ritterhude oder Regensburg (alles getestet)!

Fangen Sie gar nicht erst an, sich Vorwürfe zu machen oder das Gehirn zu zermartern, wie das passieren konnte – nichts als Energieverschwendung! Nehmen Sie den Vorfall als Gelegenheit, Ihre Ausgaben zu überdenken, oder als Aufforderung, die verlorene Summe schnell zu ersetzen, zum Beispiel mit einer Geld-her-Idee (s. S. 113).

Dreckige Schuhe

Nicht umsonst wird in Persönlichkeits-Schnelltests, die Frauen bei einer schnellen Diagnose ihres neuen Flirts helfen sollen, immer auch ein genauer Blick auf die Schuhe empfohlen. Umgekehrt müssen Sie natürlich ebenfalls damit rechnen, anhand Ihrer Fußbekleidung eingeordnet zu werden – vor allem in Jobsituationen. Wenn Sie also zu den Menschen gehören, die Ihre dreckigen Schuhe lieber zum Schuster bringen, statt Sie selbst zu putzen, und nicht mal Schuhcreme im Haus haben: Für glänzende Schuhe in Sekunden reicht auch eine Bananenschale (auch Orange). Banane ins Müsli und mit der Innenseite der Schale über den Schuh. Alternativ können Sie auch ein Stück Butter mit Küchenkrepp über das Leder verteilen. Helle bzw. beige Schuhe können Sie ebenfalls mit einer Zitrone abreiben. Wenn Sie den Dreck erst unterwegs bemerken, bleibt Ihnen immer noch der Gang zur Toilette: Ein Stück Klopapier getränkt mit einigen Spritzern Urin macht sogar das Leder geschmeidig.

Schwarzfahren

Wer würde schon mit Vorsatz schwarzfahren? Meistens passiert es einfach so: Sie haben es furchtbar eilig, aber kein Kleingeld zur Hand, vor dem Automaten steht schon eine lange Schlange, und Sie hören die Bahn bereits einfahren – also springen Sie rein, ausnahmsweise ohne Ticket. Ausgerechnet heute fallen Sie einem Kontrolleur in die Hände. (Was die Angaben der Personalien betrifft, s. »Fahrrad fahren« S. 111.) Für diesen Fall sollten Sie unbedingt wissen, dass Kontrolleure, trotz Uniform, nicht die gleichen Eingriffsrechte haben wie Polizeibeamte. Sollte ein solcher Hilfssheriff versuchen, Sie festzuhalten, während Sie einfach ruhig an ihm vorbeigehen möchten, dann erfüllt das u. U. den Tatbestand der Nötigung. Allerdings kann er die Polizei alarmieren.

Stuhlgerüche

Ihr neuer Flirt muss zum Pinkeln aufs Klo, nachdem Sie dort gerade ein Häufchen gemacht haben und eine beißende Duftwolke den Raum füllt. Männern ist zwar klar, dass auch Frauen bei der Verdauung kein Veilchenaroma verbreiten – aber Sie möchten die erotische Stimmung nicht durch Stuhlgerüche riskieren: Lassen Sie es erst gar nicht soweit kommen und deponieren Sie immer eine Schachtel Streichhölzer neben der Spülung (bzw. in der Tasche): Je nach Verdauung ein bis drei direkt über der Schüssel abbrennen, zwischendurch spülen. Vielleicht haben Sie auch einen starken Essig zur Hand, mit dem Sie die Schüssel besprühen.

Teppichfleck

Es gibt nichts Entlarvenderes als eine panische Reaktion der Gastgeberin, wenn irgendetwas vom Essen auf ihrem Teppich landet (vor allem, wenn er sündhaft teuer und nagelneu ist). Statt sich laut jammernd mit Reinigungsschaum zu bewaffnen und hektisch schrubbend auf den Knien rumzurutschen, während die Gäste ratlos vor ihren dampfenden Tellern sitzen, zeigen Sie lieber ein wenig Würde und Souveränität: Schnappen Sie sich die Mineralwasserflasche und leeren Sie eine Portion über dem Teppichfleck. Die prickelnde Kohlensäure holt erstmal den Schmutz aus den Faser, saugen können Sie später.

Verfärbte Wäsche

Bei Küchentüchern zucken Sie seufzend die Schultern, bei teurer Unterwäsche oder Lieblingskleidern können Depressionen die Folge sein – verfärbte Wäsche kann einem wirklich das Wochenende versauen. Verzeihen Sie den Hinweis, aber: Dass Koch- und Buntwäsche sowie 60- und 30-Grad-Wäsche nicht zusammengehören oder dass man farbige Teile beim ersten Mal lieber mit der Hand wäscht, wissen Sie wahrscheinlich selbst (nichts für ungut!). Falls also ein ehemals weißes Teil in blassgrünem Ton die Waschmaschine verlässt, können Sie folgende Rettungsversuche starten:

- Sie stecken das gute Stück postwendend wieder in die Waschmaschine und stellen die Temperatur so hoch, wie es das Schildchen in der Naht erlaubt.
- Bleibt dieser Waschgang ohne Erfolg, dann folgt der zweite mit einer großzügigen Portion Gallseife bzw. Bleiche.
- Ultima Ratio ist ein Entfärbebad, das allerdings auf Kosten der Gewebequalität alles aus dem Stoff herausholt – also nicht wundern,

wenn das Lieblingskleid auch in der alten Farbe nicht wieder zu erkennen ist.

- Als letzten verzweifelten Akt können Sie die Flucht nach vorn antreten und das gute Stück mit einer mutigen Farbe überfärben – am besten beim selben Ton bleiben. Achtung: keine Komplementärfarben, dabei kommt nur Schlamm heraus!

Kaputte Waschmaschine

Sie wären nicht die Erste, die wegen einer angeblich kaputten Waschmaschine den teuren Sanitärfachmann ruft, um dann zwei Minuten und einen Handgriff später eine Rechnung über 50 Euro zu unterschreiben: Meistens ist nämlich einfach das verstopfte Flusensieb schuld. Suchen Sie nach einer kleinen Drehscheibe an der unteren Vorderseite der Maschine. Daneben sollten Sie eine flache Schüssel, ein gebrauchtes Handtuch sowie einen Wischlappen bereitstellen, denn eventuell kommt Ihnen ein Schwall Wasser entgegen, falls die Maschine mitten im Waschgang gestoppt hat. Das Flusensieb leeren, wieder reinschrauben und die Anzeige zurückdrehen auf Schleudern oder Anfang. Wenn das nicht hilft, muss allerdings der Fachmann ran.

Quellennachweis

AOK Hamburg (Herausgeber) mit DAK Hamburg und KDA (kirchlicher Dienst in der Arbeitswelt): Mobbing- Psychoterror am Arbeitsplatz

Benard, Cheryl und Schlaffer, Edit: Die Physik der Liebe, Kösel Verlag

Conrad, Sheree und Milburn, Michael: Sexuelle Intelligenz, Econ

Knöpfel, Silvia: Verhütung, Trias-Verlag

Langsdorff, Maja: Die Geliebte, dtv

Langthaler, W. U.: Partnererkennung, Flirt und unsere zweite Nase, Waxmann

Molcho, Samy: Körpersprache, Mosaik Verlag

Müller, Regina: Für mich soll's rote Rosen regnen, Ullstein

Nerwiger, Christoph: Osteopathie, Trias-Verlag

Pease, Allan und Barbara: Warum Männer nicht zuhören und Frauen schlecht einparken, Ullstein

Reinert, Dr. med Andreas: Migräne und Kopfschmerzen, Trias-Verlag

Schulz von Thun, Friedemann: Miteinander Reden, rororo

Spezzano, Chuck: Glücklichsein ist die beste Vergeltung, Verlag Via Nova

Tanner, Nancy M.: Der Anteil der Frauen an der Entstehung des Menschen, dtv

Weiß, Hans-Joachim: Prüfungsangst, Lexika Verlag

Register

Lisa Ortgies (geb. 1966), Print- und Fernsehjournalistin, moderiert seit 1997 das WDR-Magazin »Frau TV« und hat sich auch als Autorin für Frauenzeitschriften oft in weibliche Zwangslagen versetzt. Erste Erfahrungen in akuter Schadensbegrenzung hat sie nicht nur während ihres Studiums der Psychologie und Soziologie, sondern auch als Lufthansa-Stewardess gesammelt: »Ob im Job oder in der Liebe – in meinem bisherigen Leben habe ich kaum ein Fettnäpfchen ausgelassen. Warum sollen andere Frauen die gleichen Fehler machen?«

Svea Große (geb. 1965), niedergelassene Allgemeinärztin seit Oktober, kennt sich mit verrenkten Mägen und menschlichen Ausdünstungen aus. Als ehemalige Krankengymnastin sammelte sie viele Erfahrungen im Behandeln von lädierten Rücken und platten Füßen. Auch bei Freundinnen ist sie oft mit ihrer homöopathischen Notfallapotheke bei emotionalen Schräglagen und körperlichen Maleschen das »Erste-Hilfe-Kissen«.

Die Tipps und Informationen in diesem Buch sind von Autorinnen und Verlag nach bestem Wissen und Gewissen sorgfältig erwogen und geprüft. Autorinnen und Verlag übernehmen jedoch keine Haftung für etwaige Schäden, die sich aus Gebrauch oder Missbrauch der in diesem Buch aufgeführten Informationen ergeben.

Bibliografische Information der Deutschen Bibliothek
Die Deutsche Bibliothek verzeichnet diese Publikation in der Deutschen Nationalbibliografie; detaillierte bibliografische Daten sind im Internet über http://dnb.ddb.de abrufbar.

Redaktion: Alexandra Panz
Produktion: Susanne Beeh
Umschlagfotos: WDR, Köln
Umschlaggestaltung: Metzgerei Strzelecki
Satz: Greiner & Reichel, Köln
Druck: Pustet, Regensburg
ISBN: 3-8025-1505-6

Besuchen Sie unsere Homepage: www.vgs.de